대논쟁

히스토리아 대논쟁 2

초판 1쇄 인쇄 2008년 12월 20일
초판 1쇄 발행 2008년 12월 26일

지은이 박홍순
펴낸이 이영선 | **펴낸곳** 서해문집
주간 강영선 | **편집장** 김선정
편집 김문정 이윤희 최수연 임경훈
디자인 오성희 김민정 김현주
마케팅 김일신 박성욱
관리 박정래 손미경
출판등록 1989년 3월 16일 (제406-2005-000047호)
주소 경기도 파주시 교하읍 문발리 파주출판도시 498-7
전화 (031)955-7470 | **팩스** (031)955-7469
홈페이지 www.booksea.co.kr | **이메일** shmj21@hanmail.net

ⓒ 박홍순, 2008
ISBN 978-89-7483-369-5   04100
ISBN 978-89-7483-367-1   (세트)

값은 뒤표지에 있습니다.

이 도서의 국립중앙도서관 출판시도서목록(CIP)은 e-CIP 홈페이지
(http://www.nl.go.kr/ecip)에서 이용하실 수 있습니다.(CIP제어번호: CIP2008003774)

대논쟁

HiStoria

The Great Controversy

글·그림 박홍순

정의론 롤스 vs 노직

겔렌 vs 아도르노 제도

서해문집

책 머 리 에

왜 히스토리아 대논쟁인가?

현대 사회는 논쟁이 없는 사회이다. 실용주의가 최고의 가치로 인정되는 사회에서 논쟁은 설 자리를 잃어가고 있다. 어느 것이 옳고 정당한가의 문제는 흘러간 옛 노래 취급을 받고 있으며, 어느 것이 이익인가만이 현대인의 사고를 지배하고 있다. 현대인에게 목적은 이미 주어져 있다. 현대인에게 주어진 목적이란 사회적으로는 과학기술과 경제의 발전이요 개인적으로는 부의 축적, 안락한 생활이다. 남은 것은 어떻게 하면 주어진 목적을 가장 효과적으로 실현할 것인가라는 방법의 문제이고, 이것만이 관심의 대상이다.

효율성이 지배하는 사회에서 논쟁이 사라지는 것은 어찌 보면 당연하다. 그러한 사회에서 목적을 고민하는 것은 의사가 수술대 위에 있는 환자를 두고 생명의 가치에 대해 고민하는 것만큼이나 시간 낭비이자 태만으로 받아들여지는 까닭이다.

그러나 논쟁이 없는 사회는 죽은 사회이다. 논쟁은 사회적인 반성과 긴장을 만들어낸다. 특히 무한경쟁 사회로 불리는 현대 사회에서 웬만큼 스스로를 긴장시키지 않고서는 좀처럼 뒤를 돌아볼 기회를 갖기 어렵다. 원래 빠르게 달리는 차에 타고 있으면 속도감을 덜 느끼기 마련이다. 우리들은 속도감에 취해 이제 어디로 가는지, 얼마나 정신없이 달리고 있는지도 잊어버렸다. 환경과 생태계 파괴, 세계적인 빈부 격차와 기아의 확대, 되풀이되는 전쟁과 대량 살상 무기의 온존, 갈수록 고립되어가는 개인…, 이미 우리 옆에 재앙의 그림자가 바짝 다가와 있지만 실감하는 사람은 극소수에 불과하다. 스스로를 반성하는 능력의 상실은 자정 능력의 상실을 낳았다.

세계적으로 나타나는 인문학의 위기는 논쟁이 사라진 우리 사회의 현주소를 잘 보여준다. 지금 우리에게 필요한 것은 '등에'이다. 소크라테스가 강조한 그 쇠파리 말이다. 경쟁 이외에는 다른 아무런 자극도 받지 않기에 무딘 몸뚱이를 거대하게 불려가는 현대 사회에 지속적으로 따끔한 자극을 주는 침이 필요하다. 누가 등에의 역할을 할 것인가? 선구자나 초인이 나타나 우리를 인도할 수 있는 시대는 한참 지났다. 이제는 우리 스스로 등에가 되어야 한다.

《히스토리아 대논쟁》은 이러한 취지에서 마련되었다. 지난 수천 년에 걸친 인류 역사에서 주요한 국면마다 뜨거운 대논쟁이 있었다. 주요 사상가들의 대논쟁은 인간과 사회에 대한 통찰과 문제의식을 가득 담고 있는 인류 지식의 보고이다. 하지만 《히스토리아 대논쟁》을 통해 단순히 많은 지식을 획득하고자 하는 것은 아니다. 자신의 머리와 가슴으로 문제를 의식하고 분석하며 해결 방향을 모색할 수 있도록, 다시 말해 독자적 사고를 하는 데 기여하는 것이 일차적인 목적이다. 비판적 사고, 논리적 사고, 창의적 사고의 발전을 이루는 데 활발한 토론과 논쟁만큼 빠르고 바른 길은 없다.

자, 이제 논쟁의 바다에 빠져들자!

논쟁으로의 초대 1

롤스와 노직

정의의 문제는 철학의 역사만큼이나 오래된 논의 주제이다. 정의는 으레 평등의 실현을 골자로 하는 가치로 여겨지는데, 고대 로마의 울피아누스가 말한 "각자에게 그의 몫을 돌려주고자 하는 항구적인 의지"라는 규정이 오늘날까지도 거의 표준적인 설명으로 받아들여지고 있다.

정의에 대한 고전적인 논의와 현대사회에서의 논의는 일정한 차이를 갖고 있지만, 사적 영역과 공적 영역의 조화를 추구한다는 점에서는 공통된 출발점을 지니고 있다. 특히 롤스의 《정의론》을 매개로 전개된 정의론 논쟁을 20세기의 대표적인 논쟁 중 하나로 꼽는 데 반대할 사람은 아마 거의 없을 것이다. 그만큼 현대사회를 분석하고 인류의 미래를 설계하는 데 중요한 문제의식을 던져주었다. 많은 사상가들이 롤스의 정의론에 대한 찬성과 반대의 입장에서 다양한 논의를 펼쳤는데, 그 가운데 가장 대표적인 논쟁이 롤스와 노직 사이에서 이루어졌다.

〈롤스와 노직의 정의론 논쟁〉은 '분배적 정의인가, 소유권적 정의인가', '천부적 재능은 공유 자산인가', '사회적 약자를 우대하는 차등의 원리는 정의로운가' 등의 질문을 중심으로 자유와 평등, 소유권과 분배, 복지국가와 최소국가 등에 대한 논의를 담고 있다. 21세기에 인류를 지배할 사회적 주제 중 하나는 '분배'이며, 그 화두를 풀어 나가는 데 롤스와 노직의 정의론 논쟁은 매우 좋은 통로 중 하나가 될 것이다.

논쟁으로의 초대 2

겔렌과 아도르노

인간은 온갖 제도에 둘러싸여 살고 있다. 하루의 생활을 뒤돌아보더라도 제도와 연관 없이 살아가는 시간을 찾아보기 힘들 정도로, 제도는 그물망처럼 조밀하게 인간의 거의 모든 삶의 영역에 깊숙이 파고 들어와 있다. 가족, 교육, 의료, 기업, 법 등 제도가 인간에게 미치는 영향이 거의 절대적이라고 할 정도로 지대한 만큼, 제도란 무엇이고 이에 대해 어떤 태도를 지녀야 할 것인가에 대한 논쟁도 끝없이 이어지고 있다.

제도 논쟁의 정점에 서 있는 대표적 인물이 겔렌과 아도르노이다. 겔렌은 불안정한 존재인 인간이 내적인 필요성에 의해 자발적으로 만들어낸 것이 제도라고 보는 반면, 아도르노는 '관리되는 사회'에 대한 개인의 외로운 저항을 강조하며 제도에 대해 비판적인 시각을 취하고 있다. 즉 제도가 인간의 욕구 충족과 사회 유지에 필수적인 역할을 한다고 보는 기능론적 입장과, 반대로 지배 계층의 특권을 유지하기 위해 개인의 자유를 억압한다고 보는 갈등론적 입장이 팽팽하게 맞서고 있다.

〈겔렌과 아도르노의 제도 논쟁〉은 '제도는 인간을 보호하는가, 억압하는가', '인간은 제도에서 자유로울 수 있는가' 하는 질문을 던지면서, 제도의 본질적인 성격을 진지하게 탐구하고 현실의 대안을 모색해본다. 제도에 대해 어떤 태도를 지니는가는 인간과 사회에 대한 태도, 즉 세계관과 직결될 수밖에 없기 때문에 그만큼 치열한 논쟁의 장이 될 것이다.

차례

책머리에 **왜 히스토리아 대논쟁인가?** 4

논쟁으로의 초대 1 **롤스와 노직** 6

논쟁으로의 초대 2 **겔렌과 아도르노** 7

1부 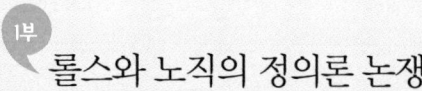 롤스와 노직의 정의론 논쟁

논쟁1 **분배적 정의인가, 소유권적 정의인가?** ⋯⋯⋯⋯⋯⋯⋯⋯⋯ 12
    지식 넓히기 1 **정의론 논쟁의 의미와 배경** ⋯⋯⋯⋯⋯⋯⋯⋯ 28

논쟁2 **천부적 재능은 공유 자산인가?** ⋯⋯⋯⋯⋯⋯⋯⋯⋯⋯⋯ 38
    지식 넓히기 2 **롤스와 노직** ⋯⋯⋯⋯⋯⋯⋯⋯⋯⋯⋯⋯⋯⋯ 58

논쟁3 **사회적 약자를 우대하는 차등의 원칙은 정의로운가?** ⋯⋯ 66

원문 읽기 ⋯⋯⋯⋯⋯⋯⋯⋯⋯⋯⋯⋯⋯⋯⋯⋯⋯⋯⋯⋯⋯⋯⋯⋯ 90

2부 겔렌과 아도르노의 제도 논쟁

논쟁1 제도는 인간을 보호하는가, 억압하는가? ····· 110
    지식 넓히기 1 **제도 논쟁의 의미와 배경** ····· 138

논쟁2 인간은 제도에서 자유로울 수 있는가? ····· 146
    지식 넓히기 2 **겔렌과 아도르노** ····· 174

원문 읽기 ····· 184
키워드 ····· 200

1부
롤스와 노직의
정의론 논쟁

분배적 정의인가, 소유권적 정의인가?
천부적 재능은 공유 자산인가?
사회적 약자를 우대하는 차등의 원칙은 정의로운가?

분배적 정의인가, 소유권적 정의인가?

박쌤 | 오늘은 롤스 선생과 노직 선생을 모시고 정의론 논쟁을 펼치도록 하겠습니다. 두 분 선생님을 만나게 돼서 개인적으로 큰 영광입니다. 한국에서도 두 분은 이미 잘 알려진 유명인사이십니다. 적어도 정의의 문제에 관한 한 가장 대표적인 논객이시니까요. 한국 독자들의 지적·실천적인 궁금증을 속 시원히 풀어줄 수 있는 논쟁 부탁드립니다.

오늘 논의에서 가장 일차적인 문제는 당연히 '정의란 무엇인가'에 대한 것이겠죠. 누구나 정의로운 사회가 되어야 한다고 얘기하지만 정작 정의가 무엇인지에 대해서는 서로 다른 이해를 하는 경우가 많습니다. 한국 사회에서 '정의'라는 단어를 제일 많이 사용하는 곳은 아마 경찰서일 것입니다. 대부분의 경찰서 건물에는 '정의사회 구현'이라는 표어가 대문짝만 하게 걸려 있으니까요. 정의로운 사회란 범죄 없는 사회라는 인식이 깔려 있는 것이겠죠.

하지만 롤스 선생은, 정의의 문제는 사회 협동체의 이득과 부담의 적절한 분배의 문제라고 규정하고 있습니다. 그리고 노직 선생은 이에 대해 비판적 반론을 전개하셨고요. 그래서 우리의 논의도 무엇이 정의의 문제인가에서 출발하지 않을 수 없을 것 같습니다.

그동안 정의론과 관련해서는 다양한 측면에서 논쟁이 있어왔습니다. 오늘은 주로 두 분 선생이 첨예하게 대립했던 논쟁을 중심으로 살펴보겠습니다. 더 많은 논의가 가능하겠지만 다음의 몇 가지 사항이 두 분 사이의 핵심적인 논쟁점이라 할 수 있을 듯합니다. 오늘은 이 논쟁점을 중심으로 토론을 진행하도록 하겠습니다.

- 분배적 정의인가, 소유권적 정의인가?
- 천부적 재능은 공유 자산인가?
- 사회적 약자를 우대하는 차등의 원리는 정의로운가?

본격적인 논의에 앞서 먼저 기본적인 문제의식부터 들어보는 자리가 필요할 것 같습니다. 한국 사회에서도 두 분의 논쟁에 대한 관심이 갈수록 높아져가고 있습니다. 과거 한국의 개발독재 시기에는 성장제일주의만을 강요받아야 했죠. 하지만 절차적인 민주화가 일정하게 진전된 상태에서는, 성장과 분배의 문제가 과거에 비해 상대적으로 더욱 중대한 논의 과제로 자리 잡을 수 있게 되었습니다. 아마 이러한 점이 한국 사회에서 정의론 논쟁이 점차 더 많은 관심을 받게 된 이유가 아닐까 싶습니다.

롤스 | 저도 한국의 독자들과 만날 수 있는 기회를 갖게 되어 기쁩니다. 정의론은 현실의 문제와 깊은 연관을 가질 수밖에 없습니다. 한국 사회만이 아니라 미국 사회, 아니 더 나아가 근대 이후 현대사회는 대체로 효율성의 논리가 지배해왔습니다. 사람들은 흔히 경제 성장만 이룰 수 있다면 어떤 지도자든, 어떤 통치 체제든 상관없다는 생각을 많이 합니다. 심지어 경제 성장을 위해서라면 독재와 같은 권위주의 통치조차 인정할 수 있다는 태도를 갖곤 합니다. 어떻게 하면 가장 효율적으로 경제 성장을 이룰 수 있을까에 대한 사고만이 인정되던 시기에 정의의 문제는 관심의 대상이 되기 어려웠죠. 그런 점에서 저의 정의론은 경제적·실증적인 사고가 지배하는 현대사회

> 법이나 제도가 아무리 효율적이고 정연하다고 할지라도 그것이 정당하지 못하면 개선되거나 폐기되어야 합니다.

에 대한 문제제기이기도 합니다.

정의는 사회 제도의 제1덕목이라 할 수 있습니다. 법이나 제도가 아무리 효율적이고 정연하다고 할지라도 그것이 정당하지 못하면 개선되거나 폐기되어야 합니다. 정의는 한 사회를 구성하고 유지해 나가는 가장 중요한 기준이자 원리여야 합니다.

노직 | 아무래도 롤스 선생에 비해 저는 한국인들에게 좀 덜 알려져 있을 것 같은데요, 현대사회에서 롤스 선생처럼 분배적 정의를 중심으로 철학적인 모색을 한 사람은 많지 않은 데 비해 자유주의 철학자는 많은 편이죠. 특히 하이에크나 미제스 등 기라성 같은 자유주의 사상가들 속에서 저는 조금 가려져 있었겠죠. 그렇기에 저 역시 오늘 한국 독자와의 만남이 더욱 뜻 깊은 자리로 다가옵니다.

기본적으로 정의로운 사회를 만들고 싶어 하는 것, 정의의 기준을 세우고자 하는 것은 꼭 필요하고 바람직한 일입니다. 여기에 대해서는 저 역시 이견이 없죠. 하지만 무엇이 정의이고, 어떻게 정의가 실현될 수 있을까에 대해서는 롤스 선생과 저는 상당히 다른 문제의식을 갖고 있습니다. 오늘 토론을 통해 이러한 점을 충분히 제기하고자 합니다.

박쌤 | 그럼 본격적으로 논의를 시작하겠습니다. 먼저 정의론을 펼쳐 나가기 위한 전제에서 두 분의 입장 차이를 발견할 수 있을 것 같습니다. 사회 정의의 문제를 검토하면서 사회적 협동에서 출발해야 하는가, 개인의 독립적인 활동에서 출발해야 하는가라는 문제에서

이미 다른 견해를 보여주고 있습니다. 먼저 롤스 선생의 문제의식부터 들어보도록 하겠습니다.

롤스 | 저의 문제의식은 기본적으로 '사회계약론'에서 출발합니다. 자유로운 개인이 각자의 이성적 판단과 합의를 통해 어떻게 정의로운 사회를 만들 것인가를 고민하는 것이죠. 이를 위해서는 일반화된 정의관을 제시해야 할 필요성이 생깁니다. 그런 점에서 저 역시 개인에 기초하고 있다는 점은 미리 말해둘 필요가 있을 것 같습니다.

하지만 우리의 관심은 어떻게 '사회'를 구성할 것인가의 문제로 귀결될 수밖에 없습니다. 개인만으로 인간의 삶이 유지될 수 없다는 건 너무나 상식에 속하는 것이니까요. 그러므로 사회란 그 구성원 상호간에 구속력을 갖는 어떤 행동 규칙을 인정하고, 대부분 그에 따라서 행동하는 사람들로 이루어진, 어느 정도 자족적인 조직체라고 가정해보아야 합니다. 개인을 넘어서는 자족적인 공동체를 구성하기 위해서는 사회적 협동이 필연적입니다.

그런데 사회적 협동의 과정에서 개인 상호간에는 이해관계가 충돌할 수밖에 없습니다. 사람들은 사회 협동체를 통해 모두가 좀 더 나은 생활을 추구한다는 점에서 이해관계가 일치합니다. 그러나 사람들은 협동에 의해 만들어지는 이익을 분배할 때 가급적 자신이 더 많은 몫을 갖길 원합니다. 그리고 개개인이 모두 이렇게 생각할 테니 이해관계가 상충하는 상황이 발생하게 됩니다.

이러한 상황에서 적절한 분배의 원칙을 합의해야만 사회가 유지될 수 있겠죠. 만약 합의가 아니라면 일방적이고 강압적인 지배만이 있을 테니까요. 강압에 의한 강제를 우리는 절대 공정한 계약이라고 말할 수 없겠죠. 공정한 계약이 되기 위해서는 합의를 해야 하는 것이고, 그렇기 때문에 정의의 문제는 사회 협동체의 이득과 부담의 적절한 분배를 위한 합의의 기준을 어떻게 만들 것인가로 모아져야 한다는 게 저의 기본적인 전제입니다.

노직 | 바로 그렇게 사회적 협동을 전제로 해서 논리를 펼쳐 나가고 있는 게 잘못입니다. 롤스 선생은 이 사회의 일이 사회적 협동에 의해서만 이루어질 수 있다고 보기 때문에, 협동에 의해 만들어진 이익을 어떻게 분배하는가가 중요한 일이 되어버립니다. 어떤 물건이 사회 구성원들이 모두 일정한 노력을 하여 만들어진 것이라고 가정을 하면 당연히 어떻게 나눌까를 중심으로 고민하게 되겠죠. 만약 누군가가 협동에 의한 생산물을 독점하려고 한다면 정의롭지 못한 행위가 되어버리는 건 당연하고요. 그런데 문제는 정말 사회적 협동이 있을 경우에만 상충되는 권리가 나타나게 되는가입니다.

사회적 협동에 의하지 않고 순수하게 개인의 노력만으로 생산이 이루어질 수도 있고, 혹은 이 두 가지가 섞여 있을 수도 있습니다. 독자적으로 생산하고 이를 타인과 교환하면서 삶을 영위하는 경우도 얼마든지 생각해볼 수 있습니다. 이렇게 다양한 경우들이 있는데 이를 어떻게 사회적 협동이라는 하나의 상황으로 획일화하여, 상충하는 권리의 조정 기준이라는 일반적인 정의관을 제시할 수 있는가 말입니다. 어떤 사람이 타인의 도움 없이 독립적으로 생산 활동을 한다면 당연히 그 사람은 그 활동의 결과에 대한 배타적 권리를 가

어떤 사람이 독립적으로 생산 활동을 한다면 그 사람은 그 활동 결과에 대한 배타적 권리를 가질 자격이 있습니다.

질 자격이 있다고 봐야 합니다.

박쌤 | 왜 사회적 협동이 있는 경우에만 상충하는 권리의 문제가 발생할 수 있는지에 대해 롤스 선생이 좀 더 구체적인 설명을 해주셔야 할 것 같습니다. 선생의 정의론은 바로 사회 협동적 상황에서 발생하는 이해관계의 상충이라는 전제에서 출발하는 것이니, 만약 노직 선생의 지적처럼 전제가 잘못된 것이라면 선생의 정의론도 그 토대가 근본적으로 심각하게 흔들려버릴 테니까요.

롤스 | 흠… 알았네. 정의의 문제는 기본적으로 '관계'의 문제라고 봐야 합니다. 하나의 사회를 구성한다는 것은 개인 자체가 아니라 개인과 개인의 관계에 초점을 맞출 수밖에 없습니다. 우리가 로빈슨 크루소가 아닌 이상 타인과의 상호관계 안에서 생산 활동이 이루어

진다고 봐야 합니다.

물론 철저하게 개인적으로 이루어지는 행위도 있을 수는 있겠죠. 예를 들어 세상을 등지고 혼자 깊은 산중에서 자급자족하는 경우를 생각해볼 수 있을 것입니다. 하지만 그렇게 타인과 분리된 개인의 경우에는 정의의 문제를 거론할 필요조차 없습니다. 그 사람은 그냥 그렇게 혼자 살아가면 되는 것이니까요. 타인과 이해관계의 상충이 발생하지 않는데 정의니 뭐니 말할 필요가 뭐 있겠습니까? 막말로 그런 사람이라면 아무것도 입지 않고 벌거벗고 산다고 한들 누가 뭐라고 하겠습니까? 그러므로 당연히 이해관계의 상충은 복수의 사람이 사회적인 협동을 통해 생산 활동을 할 때에만 발생합니다. 개인은 자신의 몫을 최대화하는 데 관심을 가지게 될 것이고, 서로가 이러한 이해관계를 가질 때 갈등은 불가피하니까요.

노직 | 저 역시 바보가 아닌 이상 개인과 개인의 '관계'가 중요하다는 점을 부정하지는 않습니다. 문제는 그러한 관계가 생산에서의 협동 관계로 제한될 수는 없다는 것입니다. 협동이 아닌 다른 관계가 얼마든지 있을 수 있고, 이러한 경우에도 갈등이 발생할 수 있습니다. 즉 '사회적 협동이 있을 경우에만 상충되는 권리 주장이 있다'라고는 말할 수 없는 것입니다.

독자적으로 생산하고 자활하는 개인들이라 하더라도 서로 간에 관계를 형성해야 할 필요성이 있습니다. 바닷가에서 혼자 고기잡이를 하는 사람을 생각해봅시다. 평생을 물고기만 먹고 살 수는 없는 노릇이고, 곡물이나 다른 생산품과 교환하는 과정에서도 관계가 발생합니다. 더 나아가 교환 관계가 없는 완전한 자급자족 상황에서도 개인들 사이의 이해관계 충돌이 있을 수도 있습니다. 이런 경우 서로에 대해서 정의의 권리 주장을 하지 않으리라 말할 수 없습니다.

예를 들어 열 명의 로빈슨 크루소가 있다고 칩시다. 그리고 이들이 서로 다른 섬에서 2년 동안 홀로 일한 후에 서로의 존재를 발견하고는, 우연히 무전기를 통해 서로의 재산 상태에 관해 알게 되었다고 가정해봅시다. 한 섬에서 다른 섬으로 물자의 이동이 가능하다면, 그들은 서로에 대한 권리 주장을 할 수 있지 않을까요? 최소의 재산을 가진 자는 궁핍을 근거로 해서, 또는 자신의 섬은 자연 자원이 부족하다는 이유로 해서, 또는 자신은 생래적으로 자활력이 가장 약하다는 근거에서 권리 주장을 하지 않을까요? 그는 자신이 그처럼 적게 가져야 하고 궁핍에 시달리고 있으며 또는 굶기까지 해야 하는 상황이 공정치 못하다 주장하면서, 정의는 다른 사람들이 자신에게 조금씩 보태주어야 할 것을 요구한다고 말하지 않을까요? 그는 계속하여 말하길, 각 개인이 갖는 비협동적 몫의 차이는 천부적 능력의 차이에서 오지만 이 차이는 응분의 것이 아니라고, 그리고 정의의 과제는 이 자의적 사실들과 불평등한 요소들을 교정하는 것이라고 주장할 수도 있습니다.

박쌤 | 방금 말씀하신 노직 선생님의 근거에는 곧바로 의문이 제기될 것 같습니다. 열 명의 로빈슨 크루소를 상정하는 것은 무리가 아닐까요? 결국 독자적으로 생산 활동을 하는 주체를 전제로 하고 있는 것인데, 이게 현실적으로 어느 정도 설득력을 가질 수 있을까요? 생

산력이 낮았던 과거의 농업 사회는 물론이고 과학기술이 발달한 현대사회에 와서도, 순수하게 개인적인 생산 활동은 지극히 예외적인 것 아닐까요? 분업이 존재한다 하더라도 이는 협업을 전제로 한 역할 분담으로서 이루어지고 있다는 점을 고려할 때 근거가 취약하다는 비판을 받을 수 있습니다.

노직 | 오히려 반대로 접근해야 하지 않을까요? 순수한 협동에 의존하여 이루어지는 생산 활동이야말로 예외적인 것으로 봐야 하지 않을까요? 수렵과 채취를 중심으로 하던 구석기 시대에야 협동이 중심이었지만, 개별 가족에 의한 농경과 목축 중심의 생산 활동으로 변화된 이후, 특히 과학기술의 발전에 의해 눈부신 생산력 발전이 이루어진 현대사회에 와서는 협동보다는 개인적인 활동이 더 중심적인 역할을 한다고 봐야 합니다. 협동을 하게 되더라도 협동이 중심이 아니라 개인의 활동이 중심이 되고 협동이 부차적으로 결합되는 경우가 이에 해당하겠죠.

    그렇기 때문에 사회적 협동 상황에서 발생하는 이해관계의 상충을 전제로 정의의 원칙을 이끌어내는 것은 오류라고 말하는 것입니다. 반대로 개인의 생산 활동에 기초한 관계에서 어떤 사회적 기준이 필요한가 하는 문제가 정의론을 수립하는 데 가장 중요한 요소가 되어야 한다고 생각해요.

롤스 | 노직 선생이 로빈슨 크루소를 예로 들어 설명했는데, 결국은 열 명의 로빈슨 크루소가 관계를 맺는 순간에만 이해관계의 상충이

나타납니다. 하지만 현실에선 로빈슨 크루소처럼 생산 활동이 개인에 의해 완결적으로 이루어지고 타인과는 외적인 관계만을 맺는 경우는 있을 수 없겠죠. 그렇다 하더라도 노직 선생의 문제의식을 충분히 살려서 논의를 진전시켜봅시다. 그러면 결국 문제는, 생산 활동을 둘러싼 관계에서 개인적인 활동이 중심인가 협동적인 요소가 중심인가의 문제가 됩니다. 그런데 과연 어느 요소가 중심인지를 노직 선생처럼 그렇게 쉽게 가려낼 수 있을까요?

예를 들어 어느 기업이 성공하는 데 CEO 개인의 요소가 큰 것인지, 아니면 사회적인 요소가 큰 것인지를 어떻게 가려낼 수 있겠습니까? 하나의 기업이 성장하는 데는 노동자들의 역할, 자원의 이용, 사회 간접시설의 이용, 국가의 정책적인 지원 등 개인적인 요소라고 할 수 없는 수많은 사회적 요소가 결합하게 됩니다. 이를 산술적으로 구분해내고 각각이 기여한 정도를 계산하는 것은 불가능합니다.

그렇기 때문에 이 모든 것을 폭넓은 의미에서 사회 협동적 상황으로 이해하는 것이 바람직할 것입니다. 현실적으로 서로가 얼마만큼 어떻게 기여하였는가를 구분하기 어려운 곤란함이 일차적인 이유겠고요. 다른 한편으로는 어떤 개인이나 집단이 가지고 있는 부가 기득권을 비롯한 역사적인 요소와 결합되어 있는 경우도 많기 때문에 생산 결과에 대한 기여도를 측정하는 것이 거의 불가능해요. 그러므로 이러한 복잡하고 확인할 수 없는 변수들을 배제할 때 공정한 사회계약이 도출될 수 있겠죠. 사회계약론이 고도로 추상화된 자연상태를 상정하여 계약의 원칙을 이끌어내는 작업을 하는 것도 바로 이러한 이유 때문이라고 할 수 있습니다. 그래서 사회계약론의 대부라고 할 수 있는 로크나 루소 같은 사상가들도 '자연 상태'라는, 공정한 계약을 위한 가상의 상태를 설정했지요. 저도 그들이 말한 '자연 상태'에 해당하는 '원초적 입장'을 제시한 것입니다. 여기에서 원초적 입장은 역사적으로 실재했던 원시 상태를 의미하는 게 아닙니다. 공정한 계약을 이끌어내기 위해 이론적으로 추상화된 상태인 거죠.

노직 | 헐~ 그것은 지나친 추상화와 일반화 아닐까요? 계산이 어렵다는 이유로 본질적으로 다를 수밖에 없는 요소를 뒤죽박죽 섞어놓는 것은 엄밀한 이론적 태도가 아니라고 봅니다. 심지어 협동적인 상황에서 생산된 물건에도 기여 정도는 다를 수밖에 없습니다. 사회적 협동은 분업, 전문화, 비교 우위, 교환을 기반으로 하고 있습니다. 하나의 기업을 만들고 운영하는 데 자본의 역할과 노동의 역할을 동일하게 볼 수는 없는 것이고, 또한 똑같이 자본과 노동을 투여하여 만든 서로 다른 물건이 동일한 가치를 지니는 것이라 할 수도 없습니다. 연필과 핸드폰을 같은 비율로 교환할 수는 없는 노릇이지 않습니까.

그렇기 때문에 무리하게 사회적 협동이라는 개념으로 뭉뚱그려서 이해하기보다는, 오히려 각 개인이 사물을 만들어내는 데 협동은 하되 독자적으로 일을 한다고 가정하는 것이 더 바람직하다는 얘깁니다. 각 개인을 독립적인 소규모 공장으로 가정하고, 이들 사이에 상충하는 이해관계를 어떤 원칙으로 조정할 것인가의 문제로 접근하는 것이 필요합니다.

박쌤 | 지금까지 정의론에 대한 두 분의 상이한 전제를 검토했다면, 이제 논의를 더 풍부하게 하기 위해 그 전제로부터 나오는 결론도 함께 얘기해보는 게 필요할 것 같습니다. 노직 선생은 사회 협동적 상황을 전제로 하는 롤스 선생의 분배적 정의론을 반대하고, 개인의 생산에 기초한 소유권적 정의를 주장하고 계십니다. 선생의 논리에서 왜 소유권적 정의라는 원칙이 도출되는지 설명해주시죠.

노직 | 개인의 독자적인 활동에 기초한 개인 간의 관계에서는 분배 문제가 아니라 소유권 문제가 주된 관심사가 되어야 합니다. 각자가 자신의 노력을 통해 어떤 물건을 만들었을 때 그 개인이 가지는 일차적인 권리는 노동의 결과물에 대한 소유권입니다. 이는 어느 정도 로크의 소유권 이론과도 연관을 가지고 있습니다. 로크에 의하면, 자연은 기본적으로 인간 모두의 공유물이지만 인간 자신, 즉 자신의 정신적·육체적인 노동력은 그 개인의 배타적인 소유물입니다. 그렇기 때문에 어느 개인이 공유물인 자연을 인간에게 유용하도록 노동을 통해 변형시켰다면 그에 대해서는 사적인 소유권이 인정되어야 합니다.

이러한 소유권이야말로 노동을 통해 얻게 되는 가장 일차적이고 중요한 권리라고 할 수 있습니다. 그러므로 독립적인 개인의 생산 활동을 전제로 할 경우 당연히 정의로운 사회란 소유권적 권리를 가장 중요한 요소로 삼을 수밖에 없습니다. 롤스 선생의 정의론은 사회적 협동이라는 모호한 규정을 통해 소유권의 원리를 정의의 원칙에서 제거하는 역할을 했던 것입니다.

또한 더 나아가서 소유권적 원리들은 협동에 의해 생산된 물건인 경우에도 적용해야 합니다. 왜냐하면 앞에서도 언급했듯이 사회적 협동은 분업, 전문화, 비교 우위, 교환을 기반으로 하기 때문입니다. 결국 사람들은 협동을 하더라도 각자가 전문적인 영역에서 분업화된 역할을 하고 있고, 또한 개인의 능력에 따른 비교 우위까지 고려해야 한다는 점을 생각하면 개인적·독자적인 요소가 더 지배적이라고 봐야 합니다. 그렇기 때문에 협동적인 상황에서도 일차적인 것은 소유권적인 원리라고 주장하는 것입니다.

그러면 남는 것은 각자가 만든 생산물을 어떻게 교환하는가의 문제입니다. 그러므로 정의론의 과제는 소유에 기초한 생산물들의 교환 과정 문제이며, 그 교환의 비율, 즉 가격을 정하는 일이 됩니다. 다시 말해서 정의의 이론은 '공정한 가격'을 위한 기준을 마련하는 것이라 말할 수 있습니다.

롤스 | 저 역시 사적인 소유권 자체를 부정하지 않습니다. 기본적으로 개인의 소유권은 당연히 보장되어야 할 대전제라고 생각합니다. 하지만 소유권 자체가 정의론의 과제일 수는 없습니다. 소유권이 정의론의 핵심 원리가 되기 위해서는 노직 선생의 말처럼 독립적인 개인의 생산 활동을 전제로 해야 하는데, 앞에서도 말했듯이 그게 타당하지 않기 때문입니다. 또한 사회적 협동 상황에서 개인의 기여 정도를 구분하여 소유의 정도를 계산하는 것 자체가 불가능하기 때문이기도 합니다.

그런데 더 나아가서는 소유권을 중심으로 할 때 다분히 우연적으로 형성된 상황이 지배하기 때문에 문제이기도 합니다. 앞에서 노직 선생이 서로 다른 섬에 있는 열 명의 로빈슨 크루소 예를 들었는데, 저 역시 그 예를 통해 설명하겠습니다. 어떤 섬은 자원이 부족해서 그 섬에 사는 로빈슨 크루소는 궁핍에 시달리고 있고 또는 굶기까지 해야 한다면 이는 순전히 우연적인 일이 개인의 삶을 지배하는 상황이라고 할 수 있습니다. 즉 어디에서 태어났는가의 문제가 개인의 운명을 결정해버리는 상황인 것이죠.

우리는 이렇게 우연이 지배하는 상황을 도저히 정의롭다고 할 수는 없습니다. 만약 우연이 지배하는 것을 정의롭다고 한다면, 가난한 가정에서 태어났기 때문에 계속 가난의 대물림을 해야 하는 상황조차 합리화될 수 있습니다. 그러면 사회적인 역할이란 게 뭐가 필요하겠습니까? 자본주의 초기 단계처럼, 국가는 누군가가 타인의 소유물을 훔치는가 아닌가에만 개입하는 야경국가로 만족하면 되겠지요. 그렇게 되면 정의의 문제는 한국의 경찰서에 붙어 있는 표어처럼 범죄 소탕 개념으로 전락할 것입니다. 시장이 곧 정의가 되어버리는, 약육강식의 원리가 정의의 원리가 되어버리는 상황을 맞이하게 될 것입니다.

이러한 사회계약을 과연 합의를 통해 형성할 수 있을까요? 우연하게 부유한 가정에서 태어났거나 혹은 뛰어난 개인적 재능을 갖고 태어나서 사회적 강자로 살아갈 수 있는 사람들이야 이러한 계약 원리를 두 손 번쩍 들고 환영하겠죠. 하지만 가난한 집안에서 태어났거나 개인적인 재능이 뛰어나지 못한 사람들, 즉 우리가 흔히 사회적 약자로 부르는 사람들은 이러한 계약 원리에 도저히 찬성하지 않을 것입니다. 이해관계의 충돌과 갈등만이 남겠죠. 그러면 사회를 유지하기 위해서는 사회적 강자들이 약자들에게 자신의 원리를 일방적으로 강제할 수밖에 없게 됩니다. 과거 신분제 사회나, 그동안 시장의 원리만을 신조로 삼아 극심한 빈부 격차를 양산했던 사회가 여기에 해당할 것입니다.

우리는 이런 사회를 정의롭다고 할 수 없습니다. 정의란 게 고작 그렇게 협소한 개념이어야 합니까? 정의란, 사회제도 내에서 권리와 의무를 할당하는 방식을 제시해주는 것이어야 합니다. 사회 협동체의 이득과 부담의 적절한 분배를 결정해주는 것이어야 합니다.

박쌤 | 논의가 자연스럽게 사회적인 약자의 문제, 개인의 타고난 재능의 문제를 어떻게 볼 것인가 하는 내용으로 이어지고 있습니다. 분배적 정의인가, 소유권적 정의인가의 문제를 더 깊이 있게 검토하기 위해서는 오늘 우리가 다룰 나머지 두 가지 쟁점, 즉 '개인의 천부적 재능은 공유 자산인가'의 문제와 '사회적 약자를 우대하는 차등의 원리는 정의로운가'에 대한 논의로 이어가야 할 것 같습니다.

지식넓히기 1

정의론 논쟁의 의미와 배경

롤스의 《정의론》을 매개로 하여 전개된 정의론 논쟁을 20세기의 대표적인 논쟁 중 하나로 꼽는 데 반대할 사람은 아마 거의 없을 것이다. 그만큼 현대사회를 분석하고 인류의 미래를 설계하는 데 중요한 문제의식을 던져주었다고 볼 수 있다. 정의의 문제에 대한 서로 다른 견해와는 별도로 정의를 중심으로 한 논쟁 자체에도 큰 의의가 있다.

정의론 논쟁은 분석철학, 실증철학이 지배하는 현실에서 도덕철학의 중요성을 다시 살리는 역할을 수행했다. 확실히 20세기 영미 철학은 분석철학, 실증철학이 지배했다. 오직 실질적으로 검증 가능한 것만을 학문으로 인정하려는 태도가 완강하였다. 이 과정에서 도덕적 가치판단은 철학을 비롯하여 전체 학문에서 실증되기 어려운, 의심스러운 대상으로 치부되었다. 하지만 롤스는 《정의론》과 관련 논쟁을 통해 서구 사상계에 사회철학, 도덕철학적인 전통을 활성화시키는 역할을 했다.

많은 사상가들이 롤스의 정의론에 대한 찬성과 반대의 입장에서 다양한 논의를 펼쳤다. 그 가운데 가장 대표적인 논쟁이 롤스와 노직 사이에서 이루어졌다. 물론 이들만이 아니라 코언, 왈저 등 기라성 같은 사상가들이 논쟁에 참여했다. 그리고 마르크스주의자들 입장에서는 양 측면 모두에 대한 비판적 접근이 이루어졌다.

상당 기간 지속된 첨예한 논쟁의 과정에서 풍부한 지적 성과를 축적할 수 있었는데, 그 가운데 노직은 우파의 입장에서 제기된 대표적인 비판이라 할 수 있다. 그리고 왈저는 좌파적인 시각에서 제기된 롤스에 대한 비판이라 할 수 있다. 때문에 롤스의 《정의론》은 찬반 입장을 떠나 현대사회에서 정의의 원리 문제를 고민하고 진전시켜 나가는 데 반드시 검토해야 하는 가장 중요한 텍스트로 인정받고 있다.

롤스의 《정의론》은 자유경제사회에 복지주의를 접합시키려는 시도를 담고 있다. 롤스는 사회제도의 제1덕목이 정의라는 사실을 확인하면서 그의 이론을 전개한다. 롤스는 정의의 개념을, 한 사회제도 안에서 모든 개인이 완전하게 평등할 수는 없다는 사실에 기초하여 사용하고 있다. 따라서 그의 정의론은 사회 구성원 간의 이익의 충돌과 갈등을 제도적 원리를 통해 해결하는 절차를 확립하는 것이다. 이러한 과제를 해결하기 위해 롤스는 근대의 사회계약론을 새롭게 변형한다.

노직의 《아나키, 국가, 유토피아》는 롤스의 《정의론》에 대한 비판적 성격이 강하다. 노직은 개인의 가치를 소중하게 여긴다는 점에서는 롤스와 의견을 같이하지만, 국가가 개인의 복지를 확대해야 한다는 주장은 받아들이지 않는다. 노직은 개인의 권리를 가장 잘 보호할 수 있는 '최소국가론'을 제시하였다. 그러나 그는 무정부주의자들과는 달리 최소국가는 생명, 자유, 재산에 대한 개인의 자연적 권리와 양립 가능하다고 생각하였다.

정의에 대한 역사적인 논의 과정

정의(正義, Justice)의 문제는 철학의 역사만큼이나 오래된 논의 주제이다. 정의에 대한 고전적인 논의와 현대사회에서의 논의는 일정한 차이를 갖고 있지만, 사적 영역과 공적 영역의 조화를 추구한다는 점에서는 공통된 출발점을 지니고 있다. 일반적으로 정의는 한 개인의 내면에 관련된 것이 아니라 사람들 사이의 관계에 관련된 개념으로 이해된다.

 정의 개념에 대한 고전적인 이론들을 살펴보면, 플라톤은 《국가론》에서 보편적 덕으로서의 정의와 관련하여, 개인적인 요소로서의 덕과 사회적 삶의 조화로운 조직화 문제를 화해시키려 했다. 그리고 아리스토텔레스는 정의의 문제를 더욱 구체화하려는 시도를 한다. 아리스토텔레스는 《니코마코스 윤리학》에서 정의의 개념을 '한 정치적 공동체를 위해 행복을 창출하거나 보존하는 행위를 하려는 경향'으로 정의한다. 이렇게 볼 때 이 경향은 다시 두 가지로 나눌 수 있다. 하나는 공동체의 공익을 대상으로 하는 일반적 정의 또는 법적 정의이고, 다른 하나는 개인의 복지를 대상으로 하는 특수한 정의 또는 좁은 의미의 정의이다.

 좁은 의미의 정의는 다시 두 측면으로 나뉜다. 하나는 개인들 사이의 타협에 관련되며 평등의 원리에 부합해야 하는 교정적 정의이고, 다른 하나는 각자의 공헌에 따라 이익을 분배하는 비례 배분의 원리가 적용되는 분배적 정의이다. 어느 경우에나 정의의 대상은 최종적으로는 평등의 원리에 기초를 둔 공정성의 수립이다.

중세에 들어서면서 서양에서 정의의 문제는 '신(神)에 의한 정의'라는, 선험적이고 절대적인 것으로 고정화되어 버린다. 그리고 시민혁명 이후에 정의의 문제는 다시 본격적인 논의의 장에서 시민권을 얻게 된다. 그럴 수밖에 없는 것이, 근대 시민사회는 무엇보다도 교회의 질서 원리에서 해방된 세속적 국가로서 탄생하였기 때문이다.

사회를 구성하는 주체로서의 '개인'의 탄생은 당연히 정의의 문제에서 중세와는 전혀 다른 새로운 지평을 열게 된다. 시민혁명에 의해 신분제도가 붕괴하면서 이전까지 신과 신분에 의해 규정되었던 소유·분배 등에 대한 원리들은 설 자리를 잃고, 자유롭고 동등한 권리를 가진 개인에 기초한 새로운 원리의 모색이 여러 방면에서 이루어지게 된다.

19세기 후반에서 20세기 초반에 제기된 고전적 공리주의(功利主義)는 분배적 정의에 대한 하나의 경향을 보여주었다. 대표적으로 벤담과 밀의 주장이 여기에 해당한다. 공리주의의 기본적인 내용은 간단하다. 먼저 인생의 목표는 행복이라는 것이다. 그러면 행복이란 무엇인가? 그것은 쾌락이며 동시에 고통이 없는 것이라고, 벤담은 정의한다. 또한 밀은 정의는 독립적으로 발생하는 별개의 원리가 아니라 공리성의 일부라고 주장한다. 그는 "공리성에 기초하지 않은 정의의 이미지를 만들어내는 어떤 이론도 그것은 겉껍데기에 불과하다."고 주장한다. 결국 옳음과 그름, 정의로움과 정의롭지 않음을 구별하는 기준은 사람들이 실제로 소망하는 것, 즉 행복뿐이라는 것이다.

그런데 공리주의는 행위자 자신만의 행복이 아니라 관계된 모든 사람의 행복을 요구한다. 공리주의의 기준도 행위자 자신의 최대 행복이 아니라 전체의 최대 행복이다. 공리주의 도덕은 인간이 다른 사람의 선(善)을 위해 기꺼이 자신의 최대 선까지도 희생할 수 있고, 그 희생이야말로 인간이 이룰 수 있는 최고의 덕이라고 생각한다. 공리주의가 인정하는 자기 포기는 단 하나뿐이다. 그것은 전체의 행복을 증대시키기 위해 자기 자신의 행복을 포기하는 것이다. 따라서 공리주의는 사람들에게 가능한 한 덕을 사랑하는 마음을 길러서 사회 전체의 행복을 증진시키라고 요구한다.

오른손엔 칼을, 왼손엔 저울을 들고 있는 정의의 여신상

20세기 중반까지 자본주의는 애덤 스미스의 자유시장경제 이론과, 사회 전체 이익의 총량을 위해 개인의 희생을 정당한 것으로 여기는 벤담식 공리주의에 기초하여 성장해왔다. 하지만 야경국가라 불릴 정도로 극단적인 자유주의의 추구가 만들어낸 결과는 끔찍했다. 사회의 물질적인 총량은 증가했지만 다른 한편으로 빈부 격차의 극단적인 확대, 자본주의 사회의 토대를 무너뜨릴 기세로 터진 대공황 등으로 나타났다.

롤스와 노직의 정의론 논쟁 배경

롤스의 《정의론》은 이러한 역사적·철학적 배경과 관련을 맺고 있다. 그의 주장은 경제적 번영을 지상의 목표로 삼아 시장경제의 효율성만을 추구하는 자유방임적 자본주의에 대한 비판을 포함하고 있다. 그가 보기에 자유방임적 자본주의는 사회 구성원들 간의 극심한 소득 격차를 야기하고 그것을 당연한 것으로 용인하기 때문이다. 그렇기 때문에 롤스는 전체를 위해 개인의 희생도 받아들이는 공리주의뿐만 아니라 자유지상주의에 대해서도 명백히 비판적 입장을 취했다.

하지만 롤스의 이론은 기본적으로 시장경제의 토대 위에 구축되었다는 점에서 정치적 자유주의에 해당한다. 그는 공정한 정의의 기본 여건을 사회주의 체제의 평등에 두지 않았다. 그는 사회주의처럼 시장과 정치적 자유가 없는 사회는 정의론의 대상이 아니라고 못을

박았다. 중앙권력의 명령에 의해 움직이는 사회에서는 정의가 하나의 당에 독점되어 있어 정의론이 성립될 수 없기 때문이다. 정의의 원리가 시민 대표들의 합의체에서 도출되지 못하고 중앙권력의 명령으로 부과되는 사회체제에서는 정의론 자체가 있을 수 없다는 것이 그 이유였다.

롤스의 정의론은 '법은 만인에게 평등해야 한다'는 평등의 원리와 '각자는 각자의 공헌에 따라 분배받아야 한다'는 공정의 원리에 기초하고 있다는 점에서, 공리주의자들보다는 아리스토텔레스의 주장을 따르고 있다고 볼 수 있다. 그렇기 때문에 그는 정의를 효율성, 안정성, 조직화 같은 다른 모든 가치들 위에 놓는다. 그러므로 그의 《정의론》은 신자유주의 혹은 신보수주의 이론, 즉 《선택의 자유》를 쓴 프리드먼이나 《자유헌정론》으로 유명한 하이에크처럼 개인의 자유가 가져다주는 이익을 절대적으로 옹호하는 것과는 정반대의 목적을 가지고 있다. 그들과 달리 롤스는 사회의 강자들, 즉 최대 수혜자들에게 보장되는 자유가 항상적으로 사회의 최소 수혜자, 즉 사회적 약자들의 삶을 염두에 두지 않으면 안 된다는 점을 지속적으로 강조하고 있기 때문이다.

롤스에게 정의로운 국가란, 최소 수혜자를 위한 차등이나 불평등이 공정한 '절차'에 의해 정당화될 수 있는 나라를 뜻하며, 한 사회의 불평등한 제도도 최소 수혜자의 이익을 보장하는 것일 때에만 허용될 수 있다. 즉, 최소 수혜자들의 이익을 보장하지 않는 어떠한 제도도 자유의 이름으로 허용되어서는 안 된다는 것이 그의 핵심 주장이다. 그는 이와 같은 원칙에 의해 운영되는 사회를 '정의사회'로 규정하면서, 여기에서는 여러 가지 신념과 이념체계를 지닌 집단들이 다양하게 공존할 수 있다고 본다.

롤스는 자유주의 철학의 오랜 전통의 연장선상에서 로크보다 더 평등주의적이고, 마르크스보다 더 자유주의적인, '자유주의적 평등(liberal equality)'의 이념을 옹호하고 있다. 이러한 점에서 롤스의 이론은 절차와 합의의 역할을 강조하며 자유와 평등을 조화시켜 복지주의 국가의 이념적 토대를 제공한 것으로 평가되지만, 1970~80년대에 마르크스주의 진영은 물론 신좌파적 분위기가 지배하던 유럽에서도 많은 논의 대상이 되지는 못했다. 그러나 베를린 장벽이 붕괴된 1990년대 이후 그의 이론은 자유주의와 평등주의의 장점을 결합한 제3의 사회철학 모델로 서구 사회에서 새롭게 주목을 받기 시작했다. 특히 최근에 신자유주의 물결이 닥치면서 롤스의 《정의론》은 새로운 관심을 끌고 있다.

한편 노직은 오히려 롤스처럼 분배적 정의의 잣대를 사용하여 최소국가 이상의 국가 역할을 규정하려는 시도 때문에 정의의 문제가 발생한다고 보고 있다. 그는 전형적인 자유주의 관점에 기초하여 분배적 정의의 문제점을 집중적으로 반박하는 방식으로 논리를 전개하고 있다.

노직은 영국의 고전적 자유주의와 현대 미국의 자유지상주의를 뒷받침할 수 있는 이론적 근거를 제시하고자 한다. 그는 자유에 대한 개인의 권리를 절대적인 권리로 인정한다. 그는 '개인은 단순한 수단이 아니라 목적'이라는 칸트적 관점에서 출발한다. 그에 의하면 개인은 그 자체로서 목적이며, 특정한 '자연적 권리'를 가지고 있다. 이러한 개인의 권리를 옹호하기 위해서는 최소국가, 곧 제한된 정부가 정당하다고 말한다. 그는 자유시장의 메커니즘이 개인의 자유를 가장 잘 뒷받침한다고 주장하는 고전적 자유주의 사상을 이어받고 있다. 우리가 만일 개인의 자유를 존중한다면 국가가 나서서 분배적 정의를 실현하는 것은 정의롭지 못하다는 것이다.

노직은 사회에서 재화의 분배 양식은 모든 것을 분배하는 중앙기관의 활동 결과가 아니라고 주장한다. 재화의 분배는 무수한 개인적 교환의 결과이다. 중앙의 분배가 없는 상태에서는 롤스가 주장하는 것과 같은 분배적 정의의 문제도 있을 수 없다. 그 대신 개인의 소유 형태만이 있을 뿐이다. 그러므로 노직은 정의의 문제는 소유권적 정의로 정확하게 설정되어야 한다고 주장한다.

이러한 점에서 노직의 자유주의적 정의론은 로크의 재산권 이론의 전통을 계승하고 있다. 타인에게 직접적인 피해를 입히지 않으면서 노동을 통해 어떤 재화에 대한 소유 상태가 성립했다면 그 소유물에 대해서는 배타적인 권리를 가진다는 것이다. 즉 노동한 것, 또는 다른 사람으로부터 정당하게 양도받은 것에 대해서는 정당한 소유 권리를 갖는다는 것이다. 이러한 소유권 이론에 기초하여, 재화에 대한 소유를 전제로 하여 발생하는 교환 행위가 어떻게 하면 공정하게 이루어질 수 있는가의 문제가 그에게는 주된 관심의 대상이 된다. 노직에게 그러한 역할을 하는 주체는 시장 메커니즘이다.

저명한 역사학자인 홉스봄은 《극단의 시대》라는 책에서 20세기 역사를 정리하고 21세기 역사를 조망하면서, 21세기에 인류를 지배할 사회적 주제는 '분배'가 될 것이라고 말하고 있다. 이것은 21세기에 대한 예측이라기보다는 인류가 다시 분배 문제를 중요한 사회적 화두로 제기해야 함을 역설적으로 표현한 것이라 할 수 있다. 그 화두를 풀어 나가는 데 롤스와 노직의 정의론 논쟁은 매우 좋은 통로 중 하나가 될 수 있을 것이다.

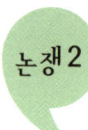

천부적 재능은 공유 자산인가?

박쌤 | 롤스 선생은 정의의 원칙을 수립함에 있어 사회적 약자의 처지를 개선하는 문제에 대해 특별한 관심을 갖고 계신 것 같습니다. 이를 정의론의 핵심 명제인 '차등의 원리'로 설명하고 계신데요, 이 원리를 이끌어내기 위해 사회계약론의 '자연 상태'에 해당하는 '원초적 입장'을 설정하고, '무지의 베일'이라는 개념을 사용하고 있습니다. 먼저 이에 대한 이해가 필요할 것 같습니다. 무지의 베일이 어떤 의미인지, 왜 필요한지에 대해 구체적인 설명을 부탁드리겠습니다.

롤스 | 사회계약이란, 자유로운 개인이 만나 합의를 통해 사회의 제

반 규칙을 정하는 것이라고 할 수 있습니다. 전통사회는 사회 구성원들의 합의가 아니라, 신분제에서 지배적 위치에 있는 소수가 다수에게 일방적으로 사회의 규칙을 강제하는 방식이었죠. 아마 어느 누구도 이러한 상태가 정의롭다고 말할 수는 없을 것입니다.

그렇기에 서구의 시민혁명은 폭력적으로 강제된 억압 질서에 대한 저항의 의미를 가지고 있었죠. 신(神)이나 신분에 의한 질서가 사라진 상황에서 새롭게 사회를 구성하고 운영하는 원칙을 정하는 주체는 당연히 개인이어야 합니다. 그러므로 어떠한 외적인 강제 없이 자유로운 개인들이 합의, 즉 계약을 통해 구성한 사회만이 정당화될 수 있게 됩니다.

그러면 남는 것은 어떠한 사회계약이 정의로운 것인가의 문제인데요, 사회계약을 위해서는 일종의 가상의 상태를 설정할 필요가 있습니다. 아무리 신분제가 없어졌다 하더라도 현실에서는 이미 수많은 차별과 억압이 존재하고 있지 않습니까? 이를 그대로 인정한 상태에서는 공정한 사회계약이란 한낱 공상에 불과할 테죠. 아무래도 권력이나 부에서 취약한 위치에 있는 개인들은 불리한 계약에 동의할 것을 또다시 강요받게 될 테니까요. 그렇기에 공정한 계약을 위한 원초적 입장이 필요한데, 저는 여기에서 가장 중요한 것이 '무지의 베일'을 가정하는 것이라고 생각합니다.

무지의 베일은 계약에 참여하는 어느 누구도 자신의 사회적 지위, 타고난 재능, 심리적 성향 등을 모르고 있다고 가정하는 것입니다. 무지의 베일이 왜 필요한가는 조금만 생각해보면 분명해집니다. 사회계약을 체결하기 위해 개인들이 한 자리에 모여 있다고 가정해봅시다. 만약 각 개인이 자신의 지위나 재능을 미리 알고 있다면 어떤 일이 벌어질까요?

자기가 유리한 위치에 있고 충분히 경쟁력이 있음을 알고 있는 사람들은 당연히 자신에게 유리한 방향으로 계약이 이루어지길 요구할 것 아닙니까? 당연히 경쟁력 있는 사람이 이익의 상당 부분을 독차지하는 방식의 계약, 심하게 말하면 승자 독식의 계약을 요구할 게 뻔합니다. 반대로 불리한 위치에 있고 경쟁력이 부족한 사람들은 그들대로 최대한 자신들에게 유리한 계약을 원할 것입니다. 사회적 협동을 통해 만들어낸 이익에 대해 균등 분배를 요구하겠죠.

이런 상태에서는 합의란 애초에 불가능하겠죠. 합의가 불가능하면 결국 남는 것은 강제일 텐데, 현실적으로 사회적 강자에 해당하는 사람이나 집단이 나머지 사람들에게 일방적인 계약을 강제하겠죠. 이것이 신분제가 사라진 이후에도 역사적으로 차별과 억압이 계속 존재하는 이유일 것입니다. 하지만 무지의 베일을 통과한다면 계약에 참여하는 모든 사람이 비슷한 상황에 있으므로 아무도 자신의 조건에 유리한 방향으로 원칙을 제시하지 않을 테고, 이를 통해 공정한 합의의 조건이 마련될 수 있겠죠.

노직 | 사회계약이 필요하다는 점 자체에 대해서는 저 역시 전혀 이견이 없습니다. 분명히 과거 신분제 사회의 폭력적 강제는 정당화될 수 없으니까요. 그렇기 때문에 근대 시민혁명을 전후한 시기에 서구에서 나타난 '개인'의 발견은 인류 역사상 중요한 진전이었습니다. 신(神)이나 신분이 아닌 개인이 역사의 주체로 등장한 것이니까요.

비로소 자유로운 인간으로서의 개인에 기초하여 이 사회의 구성 원리를 제시할 수 있게 되었습니다. 그러므로 저 역시 정의로운 사회계약을 위해서는 개인을 주체로 세우는 것이 무엇보다도 중요하다고 생각합니다.

그런데 문제는, 롤스 선생이 말로는 자유로운 개인에 기초한 공정한 사회계약을 주장하면서 실제로는 개인을 소멸시켜버리고 있다는 점입니다. 무지의 베일이라는 상황 설정 자체가 상당히 많은 문제점을 갖고 있어요. 무지의 베일 속에서는 사실상 개인보다는 집단이 주체가 될 수밖에 없거든요. 왜냐하면 자신의 위치나 재능을 모르는 개인들을 설정하면 필연적으로 개인의 특징이 모두 사라져버려, 계약에 참여하는 모든 사람을 대표하는 의미로서의 개인이 되어버리잖아요. 한마디로 '대표적 개인'이라고 규정할 수 있죠.

이게 어떻게 개인일 수 있겠어요? 개인이란 서로의 차이가 전제된 개념이어야 하잖아요. 그 차이란 성격이나 자질 등 아주 여러 가지일 수 있겠죠. 그런데 롤스 선생은 개인의 재능은 물론이고 더 나아가서는 개인의 가치관이나 심리적인 특징까지도 무지의 베일에 넣어버린단 말씀입니다. 아니, 자신의 성격도 모르는 개인이 어떻게 개인일 수 있느냐 말입니다.

타인과 구별될 수 없는 개인은 허구적인 개인에 불과합니다. 이런 상황에서는 주체적인 판단과 선택이 불가능하게 되고요. 말이 개인이지 사실상 집단에 불과한 개인의 개념으로 전락했습니다. 결국 개인의 권리는 사라져버리고 집단의 권리만 남게 됩니다. 개인적인 특징이 사라진 계약에 참여하려는 개인이 정말 있겠습니까?

민중을 이끄는 자유의 여신

박쌤ㅣ 방금 노직 선생이 말씀하신 반박이 자주 제기되는 걸로 알고 있습니다. 롤스 선생이 제시한 '무지의 베일'은 그 독특함이나 유명세만큼이나 비판의 표적이 되어왔습니다. 많은 비판자들은 공정한 계약을 수립하기 위한 상황 설정 자체가 문제가 있다는 점에 초점을 맞추고 있습니다. 조너선 울프 같은 사람도 개인의 성격이나 가치관, 재능 등과 같은 개인의 구체적인 상황과 무관한 일반적 지식은 없기 때문에 무지의 베일에 기초한 정의 원칙 수립을 비판합니다. 아무리 원초적 상태라 하더라도 개인들이 편향되지 않은 일반적 지식을 갖는다는 것은 불가능하다는 것이죠. 모든 일반 지식은 개별적인 것과 편견에 기초하고 있으며, 또한 그것을 드러내고 있는 것이라고 합니다.

또한 몇몇 다른 비판가들도 무지의 베일에 가려진 상황에서 이루어지는 '계약'이라는 것이 지극히 허구적인 것이라고 비판합니다. 현실에서는 불가능한, 오직 머릿속에서만 가능하다는 점에서 일종의 '과장된' 합리성이 되고 만다는 지적이에요. 무지의 베일이 만장일치의 결정이 이루어지는 지점에서 당사자들의 독특한 특징들을 제거해버리기 때문에, 결국에는 개인은 사라지고 집단만 남는다는 비판입니다. 좀 전에 노직 선생의 비판과 일맥상통하는 내용이라고 할 수 있겠죠. 이에 대한 롤스 선생의 추가 답변이 있어야 할 것 같습니다.

롤스ㅣ 사회계약을 위한 원초적 입장을 정의하는 일이 쉽지 않다는 것은 저도 잘 알고 있습니다. 개인의 지위나 재능을 모른다고 가정할 때 우리가 흔히 말하는 전형적인 의미에서의 개인, 서로 간의 차이에 기초한 개인이 아니라 노직 선생이 말한 '대표적 개인'이라는 상황에 직면할 수도 있습니다.

하지만 제가 여러 차례 말했듯이, 사회계약을 위한 자연 상태의 설정은 원시사회나 역사적으로 실재하는 어떤 상태를 의미하는 것이 아닙니다. 이미 인류의 오랜 역사 속에서 신분적 지위나 정당하지 못한 재산 형성 등 수많은 요소가 뒤죽박죽 섞여 있는 것이 현실의 세계입니다. 정치적인 명제로서 만인은 평등하다고 얘기하지만 현실의 개인이 이 세상에 태어날 때는 결코 평등하지 않습니다. 개인들은 태어날 때부터 기존의 부나 권력의 차이가 만들어놓은 고착화된 차별과 만나야 합니다.

이러한 상태에서 사회계약을 맺을 때 그 계약의 내용이 이들의 처지를 반영할 가능성은 거의 없다고 봐야 합니다. 이미 상당한 권력과 부를 차지하고 있는 사람들이 자신들의 기득권을 포기할 리 만무하니까요. 그렇기 때문에 불가피하게 공정한 사회계약을 위한 가상의 상태를 설정할 필요가 생기는 것입니다. 그래서 무지의 베일은 실재의 상황이 아니라 하나의 '관점'으로 이해해야 해요.

일반화된 사회 원리를 확립하기 위해서는 철학적인 사상(捨象, 유의할 필요가 있는 현상의 특징 이외의 다른 성질을 버리는 일. 추상 작용에 필연적으로 수반되는 부정적 측면이다)의 과정을 거쳐야 합니다. 과학이론을 정립할 때도 마찬가지이지 않습니까? 현실의 온갖 변수를 다 고려해서는 과학의 법칙이나 원리를 이끌어내는 것이 불가능하잖아요. 복잡한 변수를 제거한 가상의 상황을 설정하고 일반적 원리를 이끌어냅니다. 그리고 이 원리를 현실에 적용하는 과정에서 변수를 고려하죠.

사회 원리를 수립하는 과정도 어느 정도는 비슷하다고 봐야 합니다. 무지의 베일도 정의의 원리를 수립하기 위한 추상의 과정에서 불가피한 설정이라고 봐야 합니다. 즉 원초적 입장에 근거한 '계약'이란 실제로 무지의 베일에 자신을 기꺼이 내맡기고자 하는 사람들이 선택하는 '관점'이라고 봐야 한다는 것이죠.

노직 | 옛말에 "목욕물을 버리려다 아기까지 버린다."는 말이 있습니다. 이 말이 롤스 선생에게 딱 들어맞는 교훈이 될 것 같군요. 물론 이론 작업을 위해서는 일정한 추상 과정이 불가피하겠죠. 당연히 목욕물은 버려야 하고요. 하지만 추상 과정에서 버려야 할 것이 있고 버려서는 안 될 것이 있습니다. 개인의 재능이나 특징은 버려서는 안 되는 아기라고 봐야 합니다. 왜냐하면 사회계약론의 핵심은 주체로서의 개인을 설정하는 데 있기 때문입니다. 개인의 특성은 추상 과정에서 버려야 할 것이 아닙니다. 오히려 강조되어야 합니다. 그렇기 때문에 개인이 아니라 사실상 집단화된 개인에 기초한 롤스 선생의 계약론은 허구적일 뿐만 아니라 편견에 기초하고 있다고 보는 것입니다.

박쌤 | 단순히 개인의 재능을 중요하게 보느냐, 덜 중요하게 보느냐 정도의 문제가 아니라, 두 분은 아예 개인의 재능을 바라보는 관점 자체가 다른 것 같습니다. 재능을 바라보는 관점의 차이가 원초적

입장에서 천부적 재능에 대한 인식을 배제해야 한다는 결론과, 배제해서는 안 된다는 결론의 대립으로 나타나고 있는데요. 논의의 진전을 위해서는 아무래도 상이한 관점에 대한 논의가 필요하겠습니다. 먼저 롤스 선생은 왜 재능의 문제에 초점을 두고 접근을 하는 것인지요?

롤스 | 그동안 개인의 재능 차이의 문제는 사회적으로 나타나는 극심한 불평등을 어쩔 수 없는 것으로 정당화하는 핵심 근거로 사용되어 왔습니다. 로크의 소유권 이론만 해도 그렇습니다. 원래 지구의 하늘과 땅, 그리고 자연의 산물은 모든 사람들의 공유물이었지만, 사적인 성격을 갖는 인간의 노동이 결합됨으로써 사적 소유가 성립한다고 보았죠. 여기에서 개인의 재능은 사적인 소유물인 개인의 노동에 속한 것으로 여겨졌고요. 즉 개인의 재능이나 능력, 성실성 등은 차이가 있는 것이고 이에 따라 각 개인은 각기 다른 정도로 소유하게 된다는, 그래서 불가피하게 불평등이 발생하게 된다는 주장이 지배해왔습니다.

개인마다 재능의 차이가 있다는 것은 부정할 수 없는 현실입니다. 그래서 극심한 불평등을 극복하고자 시도하는 사람들에게 개인의 능력 차이는 어쩔 수 없는 것 아니냐, 그러므로 불평등도 어쩔 수 없는 것 아니냐는 비판을 하면 이에 대응하는 논리가 궁색해지곤 했죠. 저는 이러한 논리에 대해 정면으로 반박을 하고자 하는 것입니다. 이미 형성된 통념이 있는 상황에서 재능의 차이 문제를 피해가면서 논쟁을 하는 것은 설득력을 갖기 어렵기 때문입니다. 문제를 풀어 나가는 열쇠는, 천부적 재능을 개인의 사적인 소유물로만 바라보는 관점이 부당함을 증명하는 데 있습니다.

천부적 재능은 공동의 자산으로 봐야 합니다. 개인의 타고난 재능을 공동의 자산으로 보게 되면, 재능의 불평등이 현실의 불평등을 합리화하는 근거로 사용되는 논리는 설득력을 가질 수 없습니다. 공동의 자산으로부터 얻은 이익은 개인의 배타적인 권리가 될 수 없으니까요.

물론 그렇다고 해서 개인의 현실적인 재능 차이를 완전히 무시하자는 것은 아닙니다. 사회적 약자의 처지 개선을 전제로 할 때는 재능에 의한 이익을 인정할 수 있다는 것입니다. 그러므로 재능의 불평등이 현실의 불평등을 합리화하는 근거로 사용되기보다는, 오히려 평등을 진전시키기 위한 보상의 원칙을 정당화하는 근거로 사용되어야 한다는 결론에 이르게 됩니다.

박쌤 | 왜 재능을 공동의 자산으로 여겨야 하는지에 대해 좀 더 구체적인 설명이 필요할 것 같습니다.

롤스 | 천부적 재능은 공동의 자산입니다. 어떻게 태어났는가는 거의 전적으로 행운에 속하는 문제이기 때문이죠. 즉 재능은 도덕적 측면에서 볼 때 자의적이고 우연적인 사건에 불과하다는 얘기입니다.

상식적으로 생각해보세요. 어떤 개인이 어떤 가정에서 어떤 능력을 가지고 태어나는가는 스스로의 노력에 의해 만들어진 것이 아니라, 어쩌다 보니 그렇게 된 것이잖아요. 또한 그러한 재능은 부유한 가정에서 태어났는가, 아니면 빈곤한 가정에서 태어났는가와도 상당한 연관성을 가지고 있고요. 그런데 우연한 행운에 의해 인간의 운명이 지배받는다고 한다면 어찌 이를 정의롭다고 할 수 있겠습니까? 만일 우연성을 그대로 인정한다면 인간 사회에서 끝없는 부의 대물림만이 사회 원리로 자리 잡을 것입니다.

행운에 의해 천부적으로 혜택을 받은 사람들이 바로 그 이유만으로 이득을 보는 것은 정당화될 수 없습니다. 그러므로 개인의 재능을 개인의 소유가 아닌 사회 공동의 자산으로 여기는 관점이 필요한 것입니다. 개인의 재능을 공유 자산으로 여기게 된다면 원초적 입장에서 사회계약을 수립할 때 개인의 재능 문제를 중요한 조건으로 넣을 필요가 없어지는 것이죠.

노직 | 그러한 생각이 롤스 선생의 머릿속에서는 인정될지 몰라도 대부분의 사람들은 견해를 달리할걸요. 재능은 개인이 생산한 물건만큼이나 개인의 소유 권리로 인정되어야 합니다. 롤스 선생이 재능을 공유 자산으로 여기는 것은, 누군가가 그 재능 때문에 더 많은 이익을 얻게 되고 이로 인해 다른 사람들이 마치 피해를 보는 것처럼 여기기 때문에 나오는 발상입니다. 하지만 어떤 사람이 타고난 재능이 있다고 해서 타인에게 해를 입히는 것은 아니잖아요. 오히려 공동체에서 재능을 소유하지 않은 사람들이 재능 있는 사람들 덕분에 더 많은 이익을 얻고 더 잘살게 되는 것 아닌가요?

예를 들어 마이크로소프트의 빌 게이츠만 생각해봐도 그렇잖아요. 이 사람은 확실히 재능이 있는 사람이라고 봐야겠죠. 빌 게이츠가 만든 도스(DOS)나 윈도(WINDOWS) 같은 컴퓨터 운영체계를 전 세계에서 사용함으로써 미국인들이 얼마나 많은 경제적 이익을 보고 있습니까. 한국에서도 한때 황우석 박사의 줄기세포가 21세기에 한국인들을 먹여 살릴 가장 중요한 성장 동력이다 뭐다 해서 난리가 났었잖아요. 그게 사기 사건으로 끝나서 그렇지, 실제로 줄기세포를 만들어냈다면 전혀 과장된 얘기가 아니었죠. 물론 그렇게 될 때 황우석 박사 개인은 다른 사람들과 비교할 수 없을 정도로 떼돈을 벌겠지요. 그런데 이걸 부당하다고 볼 수 있나요? 그 덕분에 수많은 사람들의 고용과 수입이 확대되는데 말입니다. 그만큼 재능 있는 소수가 수많은 사람들의 이익을 만들어주는데, 이들의 재능을 계약의 원초적 입장에서 배제한다는 게 말이나 되는 소립니까?

롤스 | 오해하지 마세요. 저 역시 재능 있는 사람들의 사회적 기여 자체에 대해 부정하고 싶은 생각은 조금도 없습니다. 그들이 다른 사람보다 더 많은 이익을 얻는 것에 대해서도 질투할 마음이 손톱만큼도 없고요.

제 얘기는 그렇게 행운에 의해서 특별한 재능을 갖게 된 사람들이, 자신의 재능은 자기 개인만의 능력이기 때문에 배타적인 소유권리로 인정받아야 한다고 여겨서는 안 된다는 점을 강조하고 있는 것입니다. 우연히 타고난 것이니까요. 그러므로 그렇지 못한 사람들의 처지를 개선시키는 데 노력해야 한다는 것이고요. 만약 사회적 약자의 처지를 개선시키는 것을 전제로 한다면 재능에 의한 개인의 이익 취득은 도덕적으로 정당화될 수 있다는 것입니다. 그런 점에서 제 주장을, 불평등을 반대하기보다는 오히려 정당한 불평등을 도덕적으로 옹호하는 것으로 봐야 하지 않을까요?

박쌤 | 예, 두 분의 논쟁이 점점 뜨거워지고 있는데요, 이번에는 좀 다른 측면에서 롤스 선생에게 제기되는 비판을 검토할 필요가 있을 것 같습니다. 롤스 선생의 문제의식에 대해 자유주의 진영에서 제기되는 대표적인 비판이 노직 선생의 관점이라면, 좌파 진영에서 제기되는 대표적인 비판으로는 왈저의 관점이 있을 수 있습니다.

왈저는 《정의와 다원적 평등》에서, 천부적 재능을 공동의 자산으로 보고 그 결과로서 재능의 불평등으로부터 보상의 원칙을 이끌어내는 롤스 선생의 논리를 반박하고 있습니다. 재능이라는 가치를 공유 자산으로 보고 이를 중심으로 일률적인 배분 기준을 마련하는 방식의 논리가 지극히 단순한 사고방식이라고 비판을 합니다.

그는 "모든 사회적 재화 또는 가치들은 각기 고유한 배분 영역을 구성하며, 각 영역별로 적절한 배분 기준이 존재한다. 예를 들어, 돈은 시장의 영역에서는 적절한 기준이지만, 성직의 영역에서는 부적절한 기준이다. 모든 배분 영역에 통용되는 단일한 배분 기준은 없다. 우리는 기껏해야 배분 영역들의 상대적 자율성을 찾을 수 있을 뿐이다. 하나의 사회적 가치를 균등하게 배분하기만 하면 정의가 달성된다는 생각을 나는 '단순 평등론'이라 부르겠다. 또한 하나의 사회적 가치를 배분하는 기준이 여타 가치들의 배분을 위한 기준으로 일반화되는 경우를 나는 '지배'라고 부르고자 한다. 즉 어떤 한 재화나 가치를 소유한 개인이나 집단들이 오로지 그 가치를 가지고 있다는 이유 하나만으로 여타의 가치들이나 재화들을 가지게 되는 경우가 '지배'이다. 지배적 가치는 그 가치를 소유함으로써 다른 모든 가치들을 소유하게 되는 그런 가치를 의미한다."라고 주장합니다.

한마디로 모든 배분 영역에 통용되는 단일한 배분 기준은 없다는 점을 강조하고 있습니다. 재능의 불평등에 대한 보상으로 정의의 원칙이 만들어질 수 있다는 주장을 타당하지 않다고 여기는 것이죠. 정의의 문제는 다른 차원에서 발생한다는 것입니다.

왈저는 하나의 가치를 소유했다는 이유로 다른 가치까지 소유하게 되는 '지배'로부터 부정의가 발생한다고 봅니다. 예를 들어 자본을 소유했다는 이유로 사회적인 특권이나 정치적인 권력을 소유하는 게 여기에 해당하겠죠. 그러므로 왈저는 진정한 평등은 다양한 배분 기준을 요구하는 다원적 평등에 있다고 주장합니다. 결론적으로 정리하자면, 개인의 타고난 재능을 개인의 권리로 인정하되, 문제는 타고난 재능이 다른 가치까지 소유하는 지배적 가치가 되지 않도록 하는 것이야말로 정의론의 핵심이 되어야 한다는 것입니다.

이러한 반론에 대해서는 어떻게 생각하시는지요?

롤스 | 왈저 선생의 논리는 하나의 아이디어 차원이 아닐까 생각해요. 하나의 가치가 자동적으로 다른 가치를 지배한다는 것이 부당하다는 것은 누구나 인정할 만한 주장입니다. 그런 점에서 그 연쇄 고리를 끊기 위한 노력은 그것대로의 의미가 있겠죠.

하지만 왈저 선생이 놓치고 있는 것도 분명히 있습니다. 이미 현실에서는 부가 다른 가치를 지배하는 가장 중요한 요소로 자리 잡고 있다는 사실입니다. 이는 최근에 나타난 일시적인 현상이 아니라, 인류의 역사에서 지배와 피지배 관계, 즉 계급 관계가 형성된 이래 지속적으로 나타나고 있는 양상이라고 할 수 있습니다. 특히 자본주의 사회에서 이런 현상은 더 두드러진 것으로, 좀 더 정확히 말하자면 이 체제를 규정짓는 가장 본질적인 것으로 자리를 잡은 지 오래입니다. 자본을 소유한 자가 권력을 소유하고 있습니다.

그래서 정의로운 사회 구성의 원리를 찾아내기 위한 노력도 부의 불평등 문제를 핵심적인 영역으로 하게 되는 것입니다. 이를 '단순 평등론'이라고 비판하는 것은 부당합니다. 문제는 단순화냐 다원화냐가 아닙니다. 핵심적인 것과 부차적인 것의 문제입니다. 다시 말해서 정의의 원칙에서 무엇이 핵심적인 영역인가의 문제입니다. 당연히 부의 불평등 문제가 핵심적이고 본질적인 영역이라고 봐야 하지 않을까요?

그런데 앞에서도 말했지만, 그간 부의 불평등 문제를 해결하는데 가장 큰 걸림돌 역할을 했던 것이 개인의 타고난 재능 문제였던 것이죠. 재능의 차이라는 논리 앞에서는 불평등을 극복하고자 하는 온갖 주장들이 무력해지는 경향을 보였으니까요. 이 논리를 극복하지 않고서는 불평등을 넘어서고자 하는 정의 이론이 한 발짝도 전진하기 어려운 상황에 처해 있었습니다. 그렇기 때문에 개인의 재능을 공유 자산으로 파악하고 이로부터 정의의 원칙을 이끌어내는 저의 논의는 충분히 전략적인 의미를 지닌 것이라고 생각해요.

왈저는 다원적 평등을 주장했지만, 여기서 말하는 다원화는 오히려 자칫 불평등을 극복하기 위한 노력을 분산시켜서 이론적·실천적 동력을 약화시키는 기능을 하게 될 가능성이 큽니다. 우리가 사회적으로 발생한 어떤 문제를 해결하기 위해서는 핵심 고리를 움켜잡아야 합니다. 그 고리를 해결함으로써 다른 고리들이 풀릴 수 있도록 말입니다.

박쌤 | 원초적 입장과 무지의 베일, 그리고 이와 관련해서 논란이 되는 개인의 재능 문제에 대해 두 분의 주장과 논거가 어떻게 다른지, 또한 이에 대한 또 다른 주장이 어떻게 제기될 수 있는지 상당 부분 확인을 한 것 같습니다. 이 논의는 이쯤에서 정리를 하죠. 다만 원초적 입장에 대한 두 분 모두의 논리에 대해 다른 각도에서 제기되는 한 가지 의문에 대해서 간단하게 더 묻고 싶습니다.

두 분 모두 사회계약을 중심으로 하여 정의론을 펼치고 있습니다. 그런데 그러한 사회계약, 즉 가상의 상황으로서 자연 상태를 설정하는 것 자체에는 문제가 없을까요? 대표적으로 마르크스주의자들은 바로 그러한 점을 비판하고 있는데요. 마르크스주의적 비판가들은 인간의 본성과 사회에 대한 사회계약론자들의 기본적인 정의가 뿌리 깊은 편견에 바탕을 두고 있다고 비판합니다. 사회계약론자들은 자유롭고 평등하고 이성적인 존재로서의 인간의 개념을 마치 중립적인 개념처럼 여기고 이에 근거하여 사회 원리를 구성하고자 하는데, 이는 첫 단추부터 이미 잘못 끼우고 있는 오류에 해당한다는 것입니다. 그러한 중립적인 인간 개념은 애초에 성립할 수 없다는 비판입니다. 마르크스주의적 관점에서 인간의 개념은 사회계급과 전적으로 분리되어 규정될 수 없는 것일 테니까요. 이러한 비판에 대해서는 어떻게 생각하시나요?

롤스 | 계급투쟁을 강조하는 사회계급론 입장에서는 당연히 그렇게 비판을 하겠죠. 하지만 그들의 결론도 결국은 폭력에 기초한 강제입니다. 마르크스주의의 가장 중요한 명제 가운데 하나가 프롤레타리아트의 계급독재이지 않습니까? 프롤레타리아트가 자산가들을 지배하는 것, 즉 다수가 소수를 지배하는 것을 그들은 진정한 민주주의라고 보고 있습니다. 하지만 이것은 민주주의를 지나치게 단순화하고 왜곡시키는 것이라고 봐야 합니다. 폭력에 기초한 다수의 지배는 전체주의에 불과하기 때문입니다.

중요한 것은 강제가 아니라 합의여야 한다는 점입니다. 합의라고 한다면 합리적인 계약 말고는 방법이 없죠. 합의를 위해서는 당연히 자유로운 개인이라는 주체의 설정이 불가피할 뿐만 아니라 바람직하기도 합니다.

노직 | 그 점에 대해서는 저 역시 롤스 선생과 비슷한 견해를 가지고 있습니다. 역사의 전개 과정은 집단에서 개인으로 발전해왔습니다. 개인의 가치를 중시하는 것 자체가 역사적인 진보라고 봐야 하는 거죠. 집단적인 계급을 강조하는 마르크스주의의 관점은 그런 면에서 역사의 수레바퀴를 거꾸로 되돌리려는 시도라고 생각해요.

그런데 문제는, 롤스 선생도 마르크스주의와는 다른 문제의식에서 출발하고 있긴 하지만 자신의 의도와는 무관하게 어느 정도 개인의 가치를 훼손하는 오류를 범하는 게 아닌가 하는 우려가 생긴다는 것입니다. 모든 사람이 무지의 베일을 통과해야만 계약의 주체가 될 수 있다는 건 일종의 집단주의적 발상이 아닌가 하는 의심입니다.

박쌤 | 그런데 노직 선생의 개인 개념이 다분히 근대 시민혁명 과정에서 나타난 부르주아적인 의미에서의 개인이 아닌가 하는 의문이 드는데요. 자본을 가지고 있는 경제 주체를 의미 있는 개인으로 설정하는 발상 말입니다. 그러한 계약에서는 자본을 소유하고 있는 사람들이야 권한을 가지고 주체로서 계약에 참여하겠지만, 노동력을 제외하고는 아무것도 가진 것이 없는 사람들은 만들어진 계약서에 도장만 찍어야 하는 상황을 강제 받게 되지 않겠습니까?

역사적으로 볼 때도 시민혁명 이후 참정권이라는 것이 자리를 잡았지만 실제로 투표권은 재산을 기준으로 주어졌잖아요? 일정한 재산이 있어서 어느 정도의 세금을 낼 수 있는 사람들, 현실적으로는 부르주아 계급과 이들에게 투항한 기존의 귀족들에게만 참정권이 주어졌죠. 재산이나 성별 등을 가리지 않는 보통선거권이 주어진 게 20세기 초반에 이르러서이니, 프랑스대혁명이 일어났던 1789년부터 계산하면 거의 100여 년 동안 대다수 노동자와 농민은 정치적인 무권리 상태에 있었다고 봐야 합니다. 결국 근대적인 의미의 개인이란 철저하게 부르주아적인 의미에 한정된 개념에 불과했죠.

문제는 이 기간 동안 현대사회의 중요한 틀을 규정짓는 근대적인 법과 제도들이 마련되었다는 점일 텐데요. 부르주아 시민계급은 대다수 노동자와 농민을 배제한 상태에서 자신들에게 유리한 법과 제도를 만들 수 있었고요. 마르크스주의자들 입장에서는 이것이야말로 계약은커녕 강제의 전형이라고 볼 텐데요….

노직| 그건 그 시대의 한계라고 봐야겠죠. 20세기 초반 이후로는 모든 사람들이 평등하게 보통선거권을 갖게 되었잖아요. 19세기에는 아직 전형적인 의미에서의 개인이 형성되었다고 보기는 어렵겠죠. 개인이 형성되어가는 맹아기·유아기였고, 그런 점에서 개인의 '탄생' 정도라고 보는 게 타당할 것입니다. 하지만 이를 출발점으로 해서 20세기에 이르러서는 자유롭고 평등한 개인이라는, 진전된 상황을 맞이하게 되었던 것이죠.

그러므로 이제는 계급이나 집단과는 무관하게 자유롭고 평등한 개인으로서의 주체를 설정하는 것이 가능하고 타당하다고 봐야 해요. 당연히 사회계약의 주체로서 자격을 갖추게 되었고요. 적어도 이 계약 과정에서 원칙적으로 배제되는 개인은 존재하지 않죠. 그러므로 중립적인 의미의 개인을 부정하고 오직 계급적인 차원에서, 집단적인 의미에서의 개인만을 인정하려는 마르크스주의적인 인간 개념은 더 이상 설 자리가 없어졌다고 생각합니다.

박쌤| 근대만이 아니라 현대사회에 와서도 여전히 논란은 계속될 수 있지 않나요? 자유로운 주체로서의 개인이란 판단과 선택에서 어떠한 외적인 강제도 없는 상태를 말하는 것일 텐데, 과연 현대사회에서 개인이 그렇게 자유로운 상태에 있는가는 여전히 의문입니다. 이미 대자본에 장악되어 있는 대중매체의 영향, 어느 정도는 개인의

인격적인 예속까지를 포함하고 있는 자본과 노동의 관계 등 현대사회에도 여전히 개인을 개인일 수 없게 만드는 수많은 장치들이 존재하고 있다는 반론이 만만치 않을 것 같습니다. 어쨌든 이 문제는 별도의 충분한 검토가 필요한 논쟁점이니 다음 기회로 미루기로 하고, 이제 '차등의 원칙'에 대한 논의로 들어가겠습니다.

지 식 넓 히 기 2

롤스와 노직

롤스(John Rawls, 1921~2002)

20세기 영미권 정치철학 분야에서 가장 중요한 위치를 차지하고 있는 학자 중 한 사람이다. 평생 동안 '정의'라는 주제를 파고들었던 정치철학자로 잘 알려져 있다. 또한 사회철학과 윤리학을 되살린 현실적 이상주의자로 알려져 있다.

그는 1950년 프린스턴대학에서 철학박사 학위를 받았으며 이후 코넬대학과 매사추세츠공과대학(MIT)을 거쳐 1962년부터 하버드대학 철학과 교수와 명예교수로 재직하다가, 지난 2002년 사회 정의에 대한 반세기를 넘는 열정적 탐구의 여정을 중단하고 82세의 나이로 세상을 떠났다.

《정의론》은 출간과 동시에 20세기를 대표하는 고전의 반열에 올랐다. 롤스는 2차 세계대전에

롤스

참전하여 인간의 악행을 목격했지만 인류의 개선 가능성을 믿고 스스로 '현실적 이상주의'라 부르는 태도를 평생 견지한 낙관주의자였다. 특유의 성실함 때문에 학생들 사이에서도 일찍이 '하버드의 성인(Saint Harvard)'이란 별명으로 불렸는데, 그의 정의론 강의는 천 명이 넘는 수강생이 운집하는 인기 강좌로 유명했다고 한다.

언제나 성실했던 롤스는 1997년 뇌졸중으로 쓰러진 뒤에도 몸이 조금만 회복되면 연구와 저술 활동을 멈추지 않았다고 한다. 하버드대 철학과의 동료 교수는 "롤스 교수는 어떻게 선을 행할 것인가를 고민하는 데 그친 것이 아니라 자신의 삶을 통해 직접 보여주었다."면서 "그의 업적은 영원히 잊히지 않을 것"이라고 말했다.

롤스의 《정의론》은 분석철학의 지배 아래 도덕철학이나 사회·정치철학에 대한 지적인 불모의 시대였던 20세기 영미 철학계에서 새로운 시각과 방법을 통해 규범윤리에 대한 관심을 재연시킨 야심적 시도로서, 사회철학과 윤리학을 되살린 대작으로 평가받는다. 롤스는 현대 윤리학, 정치철학, 경제학을 비롯한 인문사회과학 전반에 지대한 영향을 끼쳤으며, 현대의 고전으로 꼽히는 《정의론》을 통해 독창적 이론을 제시함으로써 현실에서 수많은 논쟁과 논의를 불러일으켰다. 이러한 격렬한 논쟁으로 인해 롤스는 정치철학과 윤리학에서 로크, 홉스 등 고전적인 정치철학자들에 버금가는 입지를 확보할 수 있었다.

주요 저서로는 《정의론》(1971, 1991) 외에도 《정치적 자유주의》(1993), 《만민법》(1999), 《근대도덕철학사 강의》(2000), 《공정으로서의 정의》(2001) 등이 있다.

《정의론 A Theory of Justice》

　오직 '정의'라는 주제만으로 한 우물을 판 철학자 롤스의 20여 년에 걸친 탐구의 결실이 《정의론》이다. 분석철학적 방법과 게임 이론을 이용하여 전통적 사회계약론을 현대적으로 재구성한 《정의론》은 사회과학과 사회철학 전 분야에 패러다임의 전환을 가져왔다 해도 과언이 아니다.

　롤스 이론의 기본 특징은 '자유', '평등', '사회·경제적 복지의 증진'이라는 사회 정의 실현의 세 가지 고려사항을 특유하게 조정한 정의의 두 원칙에 잘 나타나 있다. 이 원칙들은 '원초적 입장'이라 불리는 완전히 가설적인 상황에서 도덕적 인격으로서 자유롭고 평등한 계약 당사자가, 공정성을 확보하기 위해 부과된 일정한 조건 아래 전원 합의로 선택하는 원칙으로서 정당화된다. 그의 '정의론'이 목적하는 것은 공공적인 정의감이 자율적으로 우러나게 될 공정한 사회 협동체제의 기본 헌장을 확립하는 것이다.

　롤스는 사회 구성원 각자의 자유를 인정하면서도 동시에 사회적 약자들, 즉 사회의 혜택을 제대로 받지 못하는 사람들을 위한 '정의론'을 수립하고자 한다. 그는 기본적 자유를 평등하게 나눠 가져야 한다는 정의의 원칙을 기반으로 하되, 최소 수혜자의 처지를 개선시키는 한도 내에서만 약자를 우대하기 위한 사회·경제적 불평등이 허용되어야 한다는 '차등의 원칙'을 제시한다.

　《정의론》에서 롤스는 결과의 평등을 거부하며 기회의 균등을 중시한다. 또한 절차적 정의를 강조한다. 《정의론》에 따르면 정의로운 국가는 최소 수혜자를 위한 차등이나 불평등이 공정한 '절차'에 의해 정당화될 수 있는 나라를 뜻하며, 이와 같은 원칙으로 운영되는 '정의사회'에서는 여러 가지 신념과 이념체계를 지닌 집단들이 다양하게 공존할 수 있다고 본다.

이 책은 모두 3부로 구성되어 있다. 1부 '원리론'에서는 '공정으로서의 정의', '정의의 원칙', '원초적 입장'에 대해 설명하고 있으며, 2부 '제도론'에서는 '평등한 자유', '분배의 몫', '의무와 책무'의 문제를 다루고 있다. 그리고 마지막 3부 '목적론'에서는 '합리성으로서의 선', '정의감', '정의는 선인가'의 문제를 다룬다.

롤스는 전체를 위해 개인의 희생도 받아들이는 공리주의는 물론 자유지상주의나 공동체주의에도 비판적 입장을 취했다. 그의 이론은 1990년대 이후 자유주의와 평등주의의 장점을 결합한 제3의 사회철학 모델로 서구 사회에서 새로운 주목을 받기 시작했다. 특히 최근에 신자유주의 물결이 닥치면서 《정의론》은 새로운 관심을 끌고 있다.

노직 (Robert Nozick, 1938~2002)

미국의 대표적인 자유주의 철학자이다. 그는 국가의 권력이 더 이상의 자유를 제약해서는 안 된다는 자유주의 국가론을 주장하였다. 다른 한편으로는 무정부주의적 자유주의에 반대하여 국가의 역할을 인정하였다. 그는 공공선이나 평등지상주의 같은 과잉 복지국가론에 맞서, 개인·시민의 소유권과 자유시장·자유기업 등을 인정하는

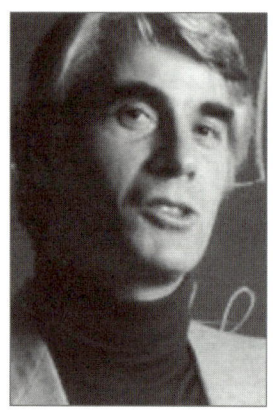

노직

최소 형태의 국가를 자유주의적 유토피아로 보았다.

노직은 1938년 미국 뉴욕시 브루클린에서 러시아 출신 이민자의 아들로 태어났다. 컬럼비아대학에서 철학을 전공한 뒤, 25세 때인 1963년 프린스턴대학 대학원에서 철학박사 학위를 받았다. 브루클린의 학창 시절부터 사회주의 계열의 청년단체에 가입해 활동하였고, 대학 때는 산업민주주의 학생연맹 지부를 창설하는 등 학생 때 이미 논쟁적인 인물로 주목받았다. 특히 대학원 재학 시절에는 기존의 철학적 관점들을 논리적인 안목으로 꿰뚫어 학계의 주목을 받았고, 30세 때는 하버드대학 철학과의 정교수가 되었다.

노직은 《아나키, 국가, 유토피아》를 통해서 유명해졌는데, 이 저서에서 무정부주의적 입장을 비판적으로 검토하고 국가의 정당화 가능성, 국가의 기능, 이상국가의 이념 등을 철학적으로 논의하였다. 특히 그는 이 책을 통해, 같은 대학의 롤스 교수가 1971년 출간한 《정의론》을 강하게 비판하였다.

자유주의 패러다임 내에서 자유지상주의 대 평등주의 논쟁은 정의의 개념에 대한 상이한 해석에 기인한다. 노직은 소유권 보호를 통한 시민들의 자유로운 삶에 관심을 두고 있는 데 반해, 롤스는 소득 재분배를 통한 시민들의 평등한 삶에 관심을 갖고 있었다. 노직에 따르면 한 개인이 자기 소유물을 합법적 수단으로 취득할 경우 그에 대한 소유권을 가지며, 그 소유권을 존중하는 분배는 정당하다고 전제하였다. 두 사람 사이에 전개된 자유와 평등에 관한 논쟁은 미국뿐 아니라 세계적으로도 사회철학 및 정치철학의 쟁점이 되었다.

노직은 《아나키, 국가, 유토피아》로 전미도서상을 받았다. 주요 저서로는 이 저서 외에《자유주의의 정의론》등이 있다.

《아나키, 국가, 유토피아Anarchy, State and Utopia》
로크와 칸트의 고전적 자유주의 사상 및 하이에크와 같은 신우익 이론가들의 영향이 짙게 배어 있는 이 책은 그보다 3년 앞서 복지국가를 옹호한 롤스의 《정의론》과 여러 측면에서 비견되는 역작으로 평가받고 있다. 이 책은 노직의 처녀작이자 유일한 정치철학적 저술이라 할 수 있다.

이 책은 모두 3부로 구성되어 있다. 1부는 가상적인 자연 상태로부터 최소국가론을 도출, 정당화하는 부분이다. 노직은 로크처럼 "개인들은 권리를 소유하고 있다."고 선언하고, 자연 상태의 개인들이 자신의 생명과 재산을 무력과 사기 및 도난으로부터 보호하기 위해 자발적인 동의에 입각해 보호기관을 구성·선택하는 과정을 묘사한다. 집단적인 상호 보호의 필요성이 점증하는 상황에서 기업가적인 마인드가 있는 개인들은 보호 업무를 전담·판매하는 회사들을 차리게 되며, '보이지 않는 손'의 작용에 의해 일정한 영역 내의 고객 보호를 전담하는 "최소국가와 아주 닮은" 지배적인 보호기관이 출현한다.

2부에서는 최소국가 이상으로 확장된 '재분배국가'는 일부 개인들을 타인의 이익을 위한 수단으로 사용함으로써 개인의 존엄성과 권리를 침해할 수 있다고 주장하고, 최소국가 형태야말로 정당화될 수 있는 가장 최대치의 국가임을 논증한다. 노직에 의하면, "자유는 패턴을 교란시키고" "패턴은 자유를 파괴하기 때문에" 일정한 패턴에 따른 재분배와 개인적 자유는 결코 양립할 수 없다. 그의 '정의에 대한 권리 이론'은 정당한 획득과 정당한 이전(移轉), 그리고 교정의 원칙에 따른 부와 소득의 분배만이 정당성을 갖는다는 원칙을 천명한 것이다. 이 원칙에 따르면 근로자의 소득에 대한 과세는 일종의 강제 노동으로서 그 사람의 노동의 일부를 전유하는 것과 같으며, 결과적으로 그 사람의 일부에 대한 소유권을 공유하는 것과 같다. 그리고 개인의 권리는 국가에 의한 이 같은 권리 침해를 원천적으로 차단하는 '측면 제약' 기능을 수행한다.

마지막 3부는 자유로운 선택과 동의의 원리에 입각하여 최소국가를, 개인과 집단들이 자유롭게 가치관을 추구할 수 있는 정치질서로, 말하자면 "유토피아를 위한 유토피아"로 제시한다. 이곳 사람들은 자발적으로 동의할 경우 심지어 사회주의적인 원리에 따라 살 수도 있고, 이슬람이든 불교든 힌두교든 마음대로 믿을 수도 있다. 유일한 금지사항은 사람들을 특정한 가치관이나 방식에 따르도록 '강제하는 것'이다.

노직은 최소국가가 정치 생활을 매우 빈약하게 만드는 것처럼 보이지만 사실은 "영감을 불러일으키는" 국가임을 강조하고, 칸트적 수사를 원용하여 대미를 장식한다. "최소국가는 우리들을 불가침(不可侵)의 개인으로 대우한다. 즉 우리는 최소국가 안에서 결코 타인의 도구나 수단 또는 자원으로 이용당하지 않는다."

사회적 약자를 우대하는 차등의 원칙은 정의로운가?

박쌤 | 롤스 선생은 원초적 입장에서 나올 수 있는 중요한 정의의 원칙 중 하나로 이른바 '차등의 원칙'을 주장하고 있습니다. 먼저 차등의 원칙이 무엇인지, 무지의 베일에 기초할 때 어떻게 차등의 원칙이 나온다는 것인지 설명이 필요할 것 같습니다.

롤스 | 쉽게 예를 들어, 공정한 계약을 위해 무지의 베일을 통과한 개인들이 모여 있다고 가정해봅시다. 자신의 지위나 재능을 모른다는 것은 각 개인에게 사전에 보장된 게 없다는 것이고, 이는 앞으로 자신이 성공할 수도 실패할 수도 있다는 것을 의미하겠죠. 그러면 이러한 상황에서 개인들은 어떤 선택을 하려고 할까요? 성공할 때와

실패할 때 모두를 대비하려고 하지 않을까요?

그럼 먼저 성공할 때를 대비한다는 것은 무엇일까요? 그만큼 이익의 분배에서 더 많은 것을 가지려 하는 경향일 것입니다. 노력을 해서 성공을 하면 노력한 만큼 더 많은 분배를 요구하고 싶을 테니까요. 즉 불평등을 용인하는 계약에 동의할 거라는 얘깁니다. 그러므로 사회적 이익에 대한 무조건적인 균등 분배는 무지의 베일을 통과한 개인들이 선택할 리가 없는, 그런 의미에서 정의롭지 못한 방법이 됩니다.

이번에는 실패할 때를 대비한다는 것은 무엇일까요? 실패한다는 것은 자신이 사회적 약자가 된다는 것을 의미하겠죠. 무지의 베일 속에서는 자신의 재능을 모르기 때문에 이렇게 될 가능성을 배제할 수 없습니다. 개인들은 이러한 상황에서 어떤 선택을 하려 할까요? 실패를 해서 자신이 사회적 약자의 처지가 되었다 하더라도 일정하게 사회로부터 보호 조치를 받을 수 있는 계약을 원할 것입니다.

성공할 때와 실패할 때를 대비한 두 가지의 선택을 간단하게 종합하면, 불평등을 인정하되 사회적 약자의 처지를 개선시킬 수 있는 계약을 원하게 될 것이라는 얘깁니다. 다시 말해서 사회적·경제적 불평등, 예를 들면 재산과 권력의 불평등을 허용하되 그것이 모든 사람, 그중에서도 특히 사회의 최소 수혜자에게 그 불평등을 보상할 만한 이득을 가져오는 경우에만 정당한 계약일 수 있다는 것입니다.

사회적 약자에 대한 보호를 전제로 한다는 점에서 저는 이것을 '차등의 원칙'이라고 부르고 있죠. 이렇게 되면 계약에 참여하는 모든 사람들이 동의할 수 있는 원칙이 될 수 있겠죠. 즉 합의가 가능

하다는 것입니다. 그런 면에서 진정한 의미의 사회계약, 공정한 사회계약이 가능해집니다.

노직ㅣ 참 답답하군요. 이보시오, 롤스 선생. 무지의 베일을 아주 조금만 걷어보시지요. 그러면 선생이 생각한 것과는 전혀 다른 상황이 전개된다는 것을 금방 알 수 있을 텐데 말이오. 그 베일을 조금 걷은 상태에서 보는 롤스 선생의 주장은, 재능을 덜 가진 사람이 다음과 같이 말하는 걸 상상하게 만듭니다.

"보게, 재능이 있는 사람들아. 그대들은 우리와 협동함으로써 이익을 얻는다. 그대들이 우리의 협동을 원한다면 그대들은 합리적인 계약 조건을 받아들여야만 할 것이다. 우리는 다음 조건을 제시한다. 우리는 우리가 가능한 한 많은 것을 얻을 경우에만 그대들과 협동할 것이다."

물론 이와 반대의 경우도 상상해볼 수 있겠죠.

"보게, 재능 없는 사람들아. 그대들은 우리와 협동함으로써 이익을 얻는다. 그대들이 우리의 협동을 원한다면 그대들은 합리적인 계약 조건을 받아들여야만 할 것이다. 우리는 다음 조건을 제시한다. 우리는 우리가 가능한 한 많은 것을 얻을 경우에만 그대들과 협동하겠다."

분명 대부분의 사람들은 전자보다 후자의 계약 조건이 심하다고 여길 것입니다. 그런데 재능 있는 사람들이 제안하는 후자의 계약 조건들이 과도하게 생각된다면, 왜 재능 없는 사람들이 제안하는 전자의 조건들은 그와 같이 생각되지 않는 것이죠? 왜 후자의 제안은 고려의 가치가 없는 것으로 취급당해야 하죠? 이 자체가 불공정하고 편파적인 것 아닌가요?

롤스 | 흠, 자꾸 무지의 베일을 걸고넘어지시는데… 무지의 베일을 논외로 하더라도 노직 선생의 생각은 문제가 많습니다. 사회적 약자에 대한 배려는 재능의 차이가 전제된 현실에서도 정의로운 선택이라고 봐야 합니다. 저 역시 앞에서 누차 강조했듯이 권력과 부의 불평등을 옹호하고 있습니다. 하지만 불평등이라고 해서 다 같은 것은 아닙니다. 불평등 중에서도 정의로운 불평등이 있는가 하면, 반대로 정의롭지 못한 불평등이 있습니다.

예를 들어 설명을 하겠습니다. 100미터 달리기 대회를 연다고 가정해봅시다. 일반적으로 기회의 평등이란, 인종이나 성별 등을 가리지 않고 누구든지 이 달리기 대회에 참여할 기회를 보장받는 것으로 정의할 수 있습니다. 그런데 출발 신호와 함께 달리기 시작했는데, 저 50미터 앞에서 달리는 사람이 있다고 칩시다. 혹은 갑자기 오토바이를 타고 달리는 사람이 있다고 칩시다. 이게 공정한 경기일 수 있겠습니까? 이렇게 해서 경기에 진 사람들이 과연 내가 부족해서 패배했다고 인정할까요? 경기 자체가 잘못되었다고 비난하면서 승복하지 않을 겁니다. 실제로 공정하지 못한 경기이니까요.

실제로 현실 사회에서는 분명히 50미터 앞에서 달리거나 오토바이를 타고 달리는 사람들이 있습니다. 미국 사회에서 백인과 흑인의 차이가 여기에 해당하겠죠. 흑인은 오랜 기간 동안 노예로 살아야 했습니다. 이 과정에서 제대로 된 교육을 받을 수 없었고, 당연히 열

악한 생존 환경에 처해 있어야 했습니다. 그 결과 노예 해방이 이루어진 지 한참이 지난 지금도 교육, 취업 등 다양한 분야에서 불리한 조건으로 경쟁에 참여하고 있습니다. 이에 비해 백인들은 훨씬 우월한 입장에서 경기에 참여합니다. 50미터 앞에서 달리고 있는 것이죠.

제가 주장하고자 하는 것은, 단순히 달리기 경기에 참여할 기회만 주는 게 아니라 역사적으로 불평등한 위치를 강제 받았던 사회적 약자들이 공정하게 경쟁에 참여할 수 있는 '조건'을 만들어주어야 한다는 것입니다. 이를 위해서는 적어도 경기에 참여하는 모든 선수들이 같은 출발선에서 출발하게 해주어야 합니다. 물론 달리는 과정에서 재능의 차이에 따라 더 빨리 달리는 사람이 있겠죠. 그리고 그들이 승자가 될 테고요. 당연히 그는 승자로서 누려야 할 이익을 누려야 합니다.

다시 말해서 공정한 경쟁의 조건을 만들어주었음에도 불구하고 재능의 차이에 의해 나타나는 불평등은 정의로운 불평등이라고 할 수 있다는 얘깁니다. 차등의 원칙을 현실에 적용한다는 것은 이렇게 사회적 약자들에게 일정한 우대 조치를 해서 정상적으로 경쟁할 수 있도록 만들어주는 것입니다.

노직 | 결국 롤스 선생은 재능 있는 사람들이 사회적 약자를 배려하기 위해 그들이 자기 옆으로 따라올 때까지 기다려야 한다는 논리밖에 안 됩니다. 그렇기 때문에 차등의 원칙은 상층부의 사람들에게는 공정하지 못한 것입니다. 일종의 역차별 문제가 발생할 수밖에 없는

것이죠.

분배란 재화의 분배를 말하는 것인데, 문제는 재화라는 것이 그렇게 알아서 열리는 달리기 대회가 아니라는 겁니다. 현실에서는 달리기 대회의 장을 만드는 것 자체가 노력이고 능력입니다. 그런데 롤스 선생은 재화라는 것이 마치 달리기 대회나 '하늘에서 내린 만나' 처럼 이미 주어져 있는 것으로 가정하고 있습니다. 재화는 주어진 것이 아니라 생산 과정의 산물입니다. 생산 과정에 대한 기여도는 개인에 따라 다르고요. 그렇기 때문에 사회적인 이익은 그 기여도에 따라 나뉘어야 합니다. 역사적이고 상대적인 소득 수준만을 고려하는 차등의 원칙은 생산 과정에 대한 기여도라는 중요한 문제를 무시하는 논리라고 볼 수 있습니다.

게다가 사회의 최하층에 속하는 사람들은 이미 사회적 협동을 통해 최대의 이익을 얻고 있다고 봐야 합니다. 사회의 최하층에 속하는 사람들이 일하는 직장은 공동 작업장이 아닙니다. 그들 스스로 만든 것이 아니라는 말입니다. 재능 있는 사람들이 위험을 감수하면서 투자해 만들어놓은 곳에서 노동을 통해 생활을 영위하고 있는 것으로 봐야 합니다. 그런데 이렇게 사회적 협동에 의해 이익을 보고 있는 사람들에게 다시 추가적으로 이익을 주는 방식으로 사회 운영 원리를 짜는 것은 지극히 편파적인 발상이 아닐까요? 오히려 보상이 필요하다면, 재능 있는 사람들이 더 많은 것을 가져가도록 하는 것이 되어야 하지 않나요?

최근에 미국 연방준비제도이사회 의장인 벤 버냉키는 그의 저서 《경제학》에서 "부는 익명의 후원자에게 나오지 않는다. 사람들이 창출하여야 한다."면서 롤스 선생은 부가 마치 주어지는 것처럼 가정하고 있다고 비판했는데, 이는 적절한 비판이라고 생각해요. 그리고 "사람들이 동일한 소득을 보장받는다면 교육이나 특별한 재능 개발에 투자할 사람은 없을 것"이라면서 "실제 열심히 일하거나 위험을 감수하는 데 대한 보상이 없는 나라의 국민소득은 보상이 있는 나라보다 현저하게 적다."고 주장한 것도 롤스 선생의 문제점을 잘 지적하고 있는 대목이라고 봅니다.

롤스ㅣ 노직 선생은 자꾸 추상의 영역과 현실의 영역을 혼동하고 있군요. 제가 추상의 문제를 얘기할 때는 현실의 문제로 반박을 하고, 반대로 현실의 문제를 얘기할 땐 추상의 문제로 반박을 하고 있습니다. 제가 바보가 아닌 이상 어떻게 부가 하늘에서 내린 만나처럼 미리 주어져 있는 것으로 전제하고 논리를 펼치겠습니까? 일반화된 정의의 원칙을 수립하기 위해 불가피하게 현실의 일부를 사상(捨象)하는 과정에서, 재화 형성에 대한 기여도는 일단 접어두고 논의를 하는 것이지요.

또한 자꾸 선생이 현실을 이야기해서 "그래, 그럼 우리 미국의 현실을 보자. 흑인이 역사적으로 차별을 받았고 그 결과 공정한 경쟁을 위한 조건을 갖추고 있지 못한 것이 현실 아닌가. 이렇게 역사적으로 형성된 치명적인 불평등 상태를 그대로 두고 경쟁하는 게 과연 정의로운가." 하는 문제제기를 하는 것 아닙니까. 그랬더니 이제 갑자기 재화의 개념을 가지고 반박을 하는군요.

그러면 노직 선생의 이론은 결국 사람들에게 경쟁에 참여할 기회만 주고 나머지는 다 개개인이 알아서 하라는 얘기인데요. 이러한 방식은 부자와 가난한 사람의 불균형에 대한 아무런 제한도 요구하지 않으며, 전체적인 복지의 감소에 대해 어떠한 방지책도 제시해주지 못한다는 점에서 많은 문제가 있지 않나요?

그런 점에서 노직 선생의 도덕이란, 소유권에 기초한 개인의 권리가 침해되지 않는 한 사회체계가 실제로 어떻게 움직이는지, 그 속에서 개인이 어떻게 살아가는지, 사회체계가 어떤 불행과 불평등을 낳는지에 대해서는 아무런 관심도 없는 것이 되어버립니다. 결국 사회적인 의미에서 도덕이라고 할 수 있는 게 없어져버립니다. 사회적인 도덕이 사라진 자리에 약육강식의 논리, 강자의 논리가 자리를 잡고 있는 게 아닌가 싶습니다.

박쌤 | 추상의 영역과 현실의 영역을 넘나들면서 논쟁의 가닥이 다소 혼란스러워지는 면이 있는 것은 사실인 것 같습니다. 아예 좀 더 분명하고 생생한 논의를 위해 구체적인 사례를 통해 논의를 진전시키는 게 필요할 것 같습니다.

지금 논의하고 있는 '차등의 원칙'과 관련해서 논란이 되고 있는 대표적인 사례가 아마 '할당제' 논쟁일 것입니다. 미국에서는 1970년대에 소수인종 특례입학과 관련해서 인종 할당제가 논란이 되었죠. 미국은 다민족 국가이기도 하거니와 흑인 노예제와 흑인 인권 탄압이란 역사적 과오가 있었기에, 그 상처를 치유하기 위해 정부 차원에서 인종 할당제를 실시한 것으로 알고 있습니다. '적극적 평등실현 조치(Affirmative Action)'의 일환으로, 대학 입시나 공무원 채

용 등에서 사회적 약자를 일정 수(quota) 이상 뽑아 소수인종에게 더 많은 기회를 제공하려는 취지로 도입되었죠. 하지만 할당제로 인해 성적이 우수한데도 탈락하는 백인들이 늘어나자 이에 반대하는 움직임이 생겨났고요. 두 분 선생은 당연히 이에 대해 상반된 견해를 갖고 계실 텐데요, 먼저 노직 선생부터 말씀해주실까요?

노직ㅣ 롤스 선생이 말한 차등의 원칙이 가장 전형적으로 적용된 것이 인종 할당제일 것입니다. 정의의 이름으로 적용된 차등의 원칙이 얼마나 많은 역차별을 불러일으킬 수 있는가를 가장 극명하게 보여준 것이기도 하지요. 저는 당연히 이러한 할당제나 그 원리 역할을 하고 있는 '적극적 평등실현 조치' 모두에 정면으로 반대를 하고 있습니다.

미국에서 큰 논란이 되었던 배키 사건의 경우만 봐도 분명해집니다. 그때의 상황을 좀 자세히 설명하면, 앨런 배키라는 백인 남성은 1973년과 1974년 두 차례에 걸쳐 캘리포니아대학 데이비스 의과대학에 지원했는데, 그 대학은 1970년부터 총 100명의 입학 정원 중 16명을 어려운 처지에 있는 학생이나 소수인종 학생에게 부여하는 할당제를 채택하고 있었죠. 배키는 자신보다 낮은 점수를 얻은 소수인종 학생이 합격하고 자신은 두 차례 모두 불합격하자, 자신의 불합격 이유를 공개하고 자신의 입학 자격을 구제해줄 것을 대학 측에 요구하는 소송을 제기하였습니다.

단지 이 배키라는 학생뿐만이 아닙니다. 미국에서 학업적인 재능이 뛰어난 수많은 백인 학생들이 할당제 때문에 원하는 대학에 들어

가지 못하는 일들이 적지 않게 발생했습니다. 대학은 공부를 하는 곳입니다. 당연히 대학 입학의 유일한 자격 조건은 학업 능력이어야 합니다. 국가나 대학은 흑인 등 소수인종을 포함하여 모든 개인들에게 대학에 입학할 기회를 제공하는 것만 보장하면 됩니다. 그런데 엄연히 학생 개인들 간에 존재하는 학업 재능이나 노력의 차이를 무시하고, 사회적 약자라는 이유로 흑인이나 소수인종에게 우대 조치를 취하는 것은 당연히 역차별에 해당하는 잘못이라고 봐야 합니다.

그런 점에서 당시 대법원에서 할당제에 대해 위헌 판결을 내린 것은 그나마 다행이었다고 생각합니다. 당시 할당제의 위헌 여부에 대해 연방대법원 재판관의 의견이 4 : 4로 팽팽하게 맞선 가운데 캐스팅 보트를 행사했던 대법관은 "인종이라는 단일 기준에 의해 일정한 할당(쿼터)을 지정해놓은 할당제는 위헌"이라는 의견을 내어서 위헌 판결에 이르게 되었죠.

하지만 다른 한편으로 저의 입장에서는 불만족스러운 판결이기도 했습니다. 당시 대법원은 대학 구성원의 다양성 도모 차원에서 인종을 '하나의' 전형 요소로 고려할 수 있다고 판시했기 때문이죠. 그 대법관은 "할당제는 위헌이지만 대학 내 다양성을 위해 인종을 전형 요소 중의 하나로는 사용할 수 있다."는 의견을 냄으로써, 할당제는 위헌이지만 '적극적 평등실현 조치'에 대해서는 합헌 판결을 내렸으니까요.

문제의 핵심은 '적극적 평등실현 조치' 자체에 있습니다. 할당제는 그 극단적인 형태라고 봐야겠죠. 할당제는 위헌 판결을 받았지만 여전히 개인의 재능 차이를 위축시키는, 사회적 약자에 대한 우대 조치 원리가 남아 있다는 점에서 저로서는 불만족스러울 수밖에 없는 결과였습니다. 롤스 선생 식의 잘못된 정의의 원칙이 현실에서 극복되기 위해서도 '적극적 평등실현 조치'는 사라져야 한다고 생각해요.

롤스 | 판결의 결과가 불만족스럽기는 저 역시 마찬가지죠. 사회적 약자들을 위한 가장 효과적인 우대 조치에 해당하는 것이 할당제라고 볼 수 있기 때문입니다.

누구나 다 대학에 입학할 기회가 있다는 것을 보장하는 것만으로는 현실의 불평등이 해소될 가능성이 거의 없습니다. 학업 능력이라는 것은 상당 부분 그 부모의 재정적인 능력과 상관관계가 있기 때문입니다. 물론 부모의 재정적인 능력과는 상관없이 매우 어려운 경제적 조건에서도 열심히 노력해서 좋은 대학에 가고 좋은 직장을 구하는 극소수 흑인들이 있을 수 있습니다. 하지만 이러한 성공 신화는 말 그대로 극소수이고 특수한 사례입니다. 중요한 것은 흑인들이 전반적으로 미국 사회에서 어떠한 위치를 강요당하고 있는가의 문제이지요.

앞에서도 강조했듯이 오랜 기간 노예 상태에 있었던 흑인들이 신분적인 해방이 이루어졌다고 해서 갑자기 경제적인 면을 포함해 다른 문제들이 함께 해결된 것은 전혀 아니니까요. 그 결과 대부분은 저학력 상태로 가난의 대물림을 되풀이해야 하는 처지에 있습니다.

미국 사회에서 여전히 인종 차이가 현실의 불평등을 유지하는 중요한 요소라는 점은 부인할 수 없습니다. 흑인 등 소수인종은 경제적, 교육적, 문화적으로 취약한 상황을 강제 받고 있는 것이죠. 그런데 인종의 차이란, 즉 부유한 백인 가정에서 태어나느냐 아니면 가난한 흑인 가정에서 태어나느냐는 전형적으로 우연성의 문제입니다. 한마디로 운이 결정하는 것이죠. 우리는 이러한 우연성이 지배하는 사회를 정의롭다고 인정할 수 없습니다.

할당제는 구조적인 불평등을 보상하기 위한 적절한 제도였다고 할 수 있습니다. 원리적으로 보더라도 인종이라는 불리한 자연적 자산에 대해서 보상의 원칙을 적절하게 적용한 경우였으니까요. 또한 불평등을 보상하는 데 효과적인 제도이기도 했습니다. 흑인들에게 동등한 출발선을 보장하는, 그런 점에서 공정한 경쟁의 조건을 형성하는 데 실질적인 장치 역할을 할 수 있었으니까요. 그렇기 때문에 할당제에 위헌 판결을 내림으로써 경쟁의 조건이 사회적 약자에게 상당히 불리해지는 결과를 초래하게 된 점은 매우 유감이라고 하지 않을 수 없습니다.

하지만 '적극적 평등실현 조치' 자체에 대해서는 정당성을 인정함으로써, 적어도 원리적인 측면에서는 보상의 원칙이 유지될 수 있는 근거를 남겨놓았기 때문에 그나마 다행이지요. 보상의 원칙을 실현할 방법론은 다른 방식으로 더 고민할 수 있다고 봅니다. 가산점을 주는 방식을 비롯해서 여러 가지 방식으로 실현할 수 있으니까요.

그런데 노직 선생은 그나마 남아 있는 근거마저 없애버리길 원하고 있군요. 노직 선생의 희망대로 간다면 흑인은 지속적으로 저학력과 빈곤의 늪에서 허우적대야 하는 상황에 처하게 됩니다.

박쌤ㅣ 롤스 선생의 말씀대로 할당제에 대한 위헌 판결 이후에도 '적극적 평등실현 조치'가 살아 있었기에 다양한 방법으로 새로운 시도를 했던 것으로 알고 있습니다. 흑인이나 소수인종에 대한 가산점 제도가 대표적인 경우라고 할 수 있죠. 또는 'X-퍼센트' 제도, 즉 고교 내신 성적이 상위 특정 퍼센트 안에 드는 학생들은 자동적으로 합격시키는 제도도 사용되고 있습니다. 혹은 '역경 극복기'나 '문화적 전통 에세이'를 작성하게 함으로써 '인종'이라는 말을 쓰지 않으면서도 결과적으로 소수인종 출신 지원자들에게 가산점을 주는 효과를 갖는 방법들도 사용하고 있습니다.

　노직 선생은 할당제에 비해 대폭 완화된 이러한 방식들에 대해서도 반대하시겠군요.

노직ㅣ 당연하죠. 보완된 방법 중에 가산점 제도가 가장 대표적일 텐데요, 이 역시 마찬가지로 역차별을 제도화하는 방식이라고 할 수 있습니다. 일종의 '위장된 할당제'라고 할 수 있죠. 그래서 가산점 제도도 1997년에 위헌 소송에 휘말리게 되었던 것입니다.

　미시간대학 법과대학원에 지원했던 백인 학생 한 명과 학부 과정에 응시했던 백인 여학생 두 명이 가산점제 때문에 낙방했다며, 대학을 상대로 두 건의 소송을 제기하였습니다. 당시 미시간대학 학부 과정은 흑인, 히스패닉(중남미계 미국 이주민), 인디언 출신 지원자들에게 150점 만점 중 20점의 가산점을 주었고, 법과대학원은 전체 정원의 12~17%를 소수인종 출신 지원자로 충원해왔습니다. 할당제가 이미 위헌 판결을 받았기에 이 소송에서는 가산점제와 할당제의 차이, 즉 가산점제가 결국 할당제인가 아닌가가 쟁점이 되었죠. 다행히도 2003년에 연방대법원은 소수인종 지원자에게 기계적으로 20점의 가산점을 주는 입학 전형 방식은 일종의 할당제라며 6 : 3으로 위헌 판결을 내렸습니다.

하지만 이 판결에서도 불만스러운 것은 역시 있었지요. 또 하나의 소송이었던 법과대학원의 전형 방식에 대해서는 5 : 4로 합헌 판결을 내렸기 때문입니다. 명시적인 쿼터를 설정하지 않았고, 기계적 우대가 아니라 일정한 자격 요건을 충족하는 소수인종 지원자들에게만 우대 혜택을 줬기 때문에 인종적 다양성 확보 측면에서 판단할 때 합헌이라는 거죠.

쿼터의 비율을 탄력적으로 했다고 해서 할당제가 아니라는 논리는 억지고요, 또 여전히 인종적 다양성이라는 이름 뒤에 숨어 있는, 사회적 약자에 대한 우대 조치라는 위험한 발상이 생명력을 지니고 있다는 게 문제입니다. 그렇기 때문에 모두에게 경쟁에 참여할 기회를 제공하는 것으로 국가의 역할을 제한하는 기회의 평등 원리가 위협을 받는 것입니다. 국가가 개인의 재능이나 노력에 맡겨야 할 경쟁 조건의 영역에까지 자꾸 개입하는 결과를 만들고 있는 것이죠.

롤스 | 노직 선생, 너무 걱정하지 마세요. 사회적 약자에게 우대 조치를 취하자는 저의 보상 원칙이 영원히 지속되어야 한다고 주장하는 건 아니니까요. 제 이론의 출발 자체가 불평등한 경쟁 조건에서 비롯되었기 때문에, '적극적 평등실현 조치'가 실효성을 거두어 일정한 기간이 지난 뒤 전반적으로 공정한 경쟁 조건이 만들어졌다고 사

회적으로 인정될 때면 그러한 우대 조치는 사라져도 된다고 생각하니까요. 다시 말해서 한시적인 조치에 해당하는 것이니 그렇게 걱정하지 않아도 될 겁니다.

노직ㅣ 롤스 선생은 그게 한시적이라고 말을 하지만 현실에서는 지속적인 것으로 자리 잡을 수도 있다는 게 문제죠. 이미 롤스 선생의 논리 자체에 영구적인 제도로 고착화될 수 있는 가능성이 들어 있어요. 선생이 사용하고 있는 '최소 수혜자'라는 규정 자체가 일반론적인 차원에서 사용되고 있기 때문입니다. '최소 수혜자'라는 개념을 단지 흑인이나 소수인종, 여성만이 아니라 비숙련 노동자라든가 비정규직 노동자를 포함하여 아주 폭넓게 쓰고 있으니까요. 한 사회에서 모든 노동자가 다 고도로 숙련된 노동자일 수는 없고, 또한 모두가 안정된 정규직 노동자로 살 수는 없는 노릇입니다. 실업자도 마찬가지이지요. 어떻게 국가가 모든 사회 구성원들의 완전 고용을 실현시킬 수 있겠습니까?

결국 불평등은 일상적으로 나타날 것이고, 당연히 선생이 얘기하는 최소 수혜자는 어떤 경우에도 상당한 범위로 존재할 것입니다. 그러면 《정의론》에서 규정하고 있는, 우대 조치를 핵심으로 하는 차등의 원칙은 일반적인 원리로서 인간 사회에 언제나 적용되어야 할 규칙으로 자리 잡게 되어 있습니다. 때문에 선생은 경쟁 조건을 공정하게 만드는 것이라고 하지만, 그런 점에서 절차로서의 공정성을 추구한다고 하지만, 실제로는 결과적인 평등을 추구하는 논리와 아주 밀접하게 맞닿아 있다고 할 수 있습니다.

그렇기 때문에 최소 수혜자에 대한 선생의 관점 자체를 바꾸어야만 합니다. 사회의 최하층에 속하는 사람들을 자꾸 손해 본 사람들, 불이익을 강제 받고 있는 사람들이라는 식으로 파악하게 되면 결과적인 평등을 추구하는 논리로 귀착될 수밖에 없거든요. 앞에서도 제가 강조한 바 있듯이, 사회의 최하층에 속하는 사람들은 이미 사회적 협동을 통해 최대의 이익을 얻고 있다고 봐야 하는 겁니다.

박쌤 | 사회의 최하층에 속하는 사람들은 이미 사회적 협동을 통해 최대의 이익을 얻고 있다는 노직 선생의 현실론적인 논리에 대해서는, 반대로 현실을 회피하고 더 나아가 역사적 현실을 왜곡하는 게 아니냐는 비판이 충분히 제기될 것 같습니다. 과연 경제 발전이나 자본의 축적이 근본적으로 개인의 노력과 재능, 모험정신의 산물이라고 볼 수 있을까요? 마르크스가 《자본론》에서 상당한 지면을 할애해가며 강조하고 있듯이, 자본주의의 형성과 발전을 가능케 해주었던 핵심적인 요소가 이른바 '시초 축적'이라고 봐야 하지 않을까요? 즉 인클로저(enclosure, 근세 초기의 유럽에서 영주나 대지주가 미개간지나 공동 방목장과 같은 공유지를 사유지로 만든 일)에 의한 토지 수탈, 부랑자법을 통한 강제적 성격의 노동, 더 나아가서는 제국주의적인 식민지 지배를 통한 초과이윤의 창출이라는 역사적 과정이 중요하게 작용하고 있는 게 아닌가요?

미국의 경우만 봐도 그럴 텐데요. 미국의 자본주의 발전이 과연 북아메리카 원주민들의 토지를 약탈하고 흑인 노예 노동을 통해 부를 축적했던 과정과 무관하다고 말할 수 있을까요? 또한 제가 살고 있는 한국의 경우도 그렇습니다. 세계가 놀랄 정도로 압축적인 경제 성장을 이룰 수 있었던 데는 노동자와 농민의 일방적인 희생을 전제로 한 저임금, 저곡가 정책이 밑바탕이 되었습니다. 방금 언급한 몇 가지 역사적 과정만 보더라도, 경제 발전이나 자본의 축적이 개인의 노력과 재능, 모험정신의 산물이라고 보는 견해에는 상당한 무리가 따를 것 같은데요.

노직 | 모든 역사적 과정에는 대부분 일정한 과오가 있게 마련입니다. 박쌤이 언급한 역사적 사례들도 여기에 해당하겠죠. 하지만 그렇다고 해서 본질이 바뀌는 것은 아닙니다. 마르크스가 말한 착취나 수탈이 경제 발전과 부의 축적 과정에 영향을 준 것은 사실이지만, 그것은 말 그대로 '영향' 정도로 평가해야 합니다. 근본적으로는 기술 개발을 위한 창조적인 노력과 새로운 분야를 개척했던 모험정신에 발전의 동력이 있었다고 봐야 합니다.

그렇기 때문에 재분배 문제도 사회적인 조건을 중심으로 생각하기보다는 개인의 노력과 재능에 기초한 기여도의 문제로 접근해야 한다는 것입니다. 다시 말해서 재분배의 문제는 정당한 취득과 권한의 원리, 즉 소유권의 테두리 내에서 이루어져야 합니다. 모든 개인은 자신의 삶을 자율적으로 기획하고 이를 실현하기 위하여 노력합니다. 그래서 그가 취득한 재산이 정당한 노력의 대가로 이루어진 것이라면, 그 결과가 비록 현저한 불평등으로 나타나더라도 그것은 정의를 위하여 치러야 할 대가로 봐야 합니다. 그 결과가 불평등으로 나타난다고 해서 여기에 대해 불만을 갖는 것은 타당하지 않은 것이죠.

앞에서 롤스 선생이 나의 논리를 '강자의 논리'라고 했는데, 그것은 어쩔 수 없는 것입니다. 결과의 정당성은 불평등의 규모에 따른 게 아니라 취득 수단과 과정에 달려 있기 때문입니다. 또한 정의의 원칙은 개인의 소유권에 기초하여 이루어지는 교환의 공정성에서 찾아야 합니다. 저는 이러한 공정한 교환을 보장하는 것이 곧 시장이라고 봅니다. 롤스 선생이 주장하는 차등의 원칙에 의한 재분배는 오히려 개인의 권한에 대한 부당한 간섭이자 사회 정의에 대한 침해에 해당합니다.

박쌤 | 그 주장에 대해서는 왈저 같은 사람의 반론이 바로 제기될 것 같습니다. 왈저는 시장 교환이 정의의 기초라는 노직 선생의 주장에 대해 여러 측면에서 비판을 하는데, 특히 시장 교환의 매개가 되는 돈의 중립성에 대해 심각한 의문을 제기합니다.

그는 "돈은 사람을 함정에 빠뜨리며, 시장 관계는 팽창해간다."고 말합니다. 따라서 돈은 공정한 거래를 가능하게 하는 중립적인 매체가 아니라 실제로는 지배적인 가치라는 것이죠. 왈저의 비판은 결국 지배와 착취가 이루어지고 있는 현실 세계에서는 교환이 결코 노직 선생의 이론을 지지할 수 있을 만큼 정당하거나 중립적이지 않다는 것입니다.

롤스 | 저 역시 그런 점에서 노직 선생의 한계가 드러나고 있는 게 아닌가 싶습니다. 노직 선생은 사회계약을 말하면서도 사실상 시장의

원리를 사회계약에 앞서는 상위의 개념으로 보고 있는 게 아닌가 하는 의구심을 떨칠 수가 없거든요.

  시장의 규칙도 사회계약의 적용 대상이 되어야 합니다. 선생이 결국 주장하는 것은 소유권과 교환의 절차가 정의 이론의 핵심이라는 것인데요, 소유와 교환을 중심으로 하는 시장 논리 자체에는 불평등을 완화시키거나 보완해 나갈 수 있는 어떤 장치도 없습니다. 역사적으로 볼 때 오히려 불평등을 확대하는 역할을 했죠. 시장에서 이루어지는 교환이 그다지 중립적인 성격을 갖고 있지 않기 때문입니다.

노직 | 저는 소유와 교환을 중심으로 하는 시장 원리가 가장 공정한 사회계약의 결과임을 주장하고 있는 것입니다. 롤스 선생은 오늘 맨 처음에 논쟁이 되었듯이 사회 협동체로부터 정의의 이론을 이끌어 내는 발상을 하고 있으니, 사회계약을 개인의 소유권에 기초한 시장과 별개로 보게 되는 것입니다. 비협동적인 상황에서의 개인에 기초하게 된다면, 또한 협동적인 상황이라 하더라도 그 안에서 개인 사이에 발생하는 전문화의 정도나 비교 우위에 기초하게 된다면, 당연히 소유권적 정의와 공정한 교환의 절차가 사회계약의 중요한 원칙이 될 것입니다.

  돈이 공정한 거래를 가능하게 하는 중립적인 매체가 아니라 실제로는 지배적인 가치라는 왈저 식의 비판은 과도한 지적이라고 할 수 있습니다. 백보 양보하더라도 돈에는 공정한 거래를 위한 중립적인 매체의 기능과 지배적 가치라는 기능이 함께 있는 것으로 봐야 할 것입니다. 일방적으로 돈을 지배적인 가치만으로 규정하는 것은, 현실에서 이루어지고 있는 돈의 기능을 완전히 오해한 결과라고 할 수 있을 것입니다. 돈의 기능을 여러 가지 기능이 혼합되어 있는 것으로 파악한다면, 어떻게 하면 공정한 역할에 좀 더 충실할 수 있게 만들까로 고민을 모으는 것이 남은 과제가 될 것입니다.

박쌤ㅣ 어쨌든 논쟁점 하나하나가 워낙 간단하지가 않네요. 거기다 주제의 무게감도 무게감이지만, 다른 한편으로 추상의 영역과 현실의 영역을 넘나들면서 논의가 이루어질 수밖에 없는 경우라 더 복잡한 것 같습니다.

하지만 지금까지의 논의만으로도 정의론과 관련된 두 분의 이견이 어디에서 비롯되고 그 근거가 무엇이었는지는 꽤 구체적으로 드러난 것 같습니다. 한국의 독자들이 충분히 이해할 수 있도록 친절하고 열띤 논쟁을 벌여주셔서 감사드립니다. 아쉽지만 오늘의 대논쟁은 여기서 마무리해야 할 것 같습니다. 마지막으로 간단하게 오늘 논쟁에 대한 소감을 부탁드리겠습니다.

롤스ㅣ 저는 '정의론'을 중심으로 논쟁이 벌어지는 것 자체에 대해 별로 부정적이지 않습니다. 오히려 논쟁이 활발하게 이루어지는 것이 바람직하다고 생각해요. 그간 실증주의적인 학문 풍토가 지배하는 상황에서 정의의 문제는 철 지난 옛 노래처럼 여겨지기 일쑤였거든요.

한국 사회라고 해서 크게 다르지 않을 것이라 생각해요. 제가 알기로도 1980년대에는 한국의 활발한 사회 변화 과정과 관련해서 어떻게 정의로운 사회의 원칙을 수립할 것인가가 중요한 고민 과제였다가, 최근 10여 년은 실용적인 영역에서의 부분적인 논의로 축소되어 있죠. 이 논쟁이 계기가 되어 한국 독자들이 불평등 문제에 대한 고민을 조금이라도 자극받을 수 있다면, 그것만으로도 적지 않은 의미를 가진 자리였다고 생각합니다.

노직 | 롤스 선생과는 그전이나 지금이나 논쟁점이 좀처럼 좁혀지지가 않네요. 워낙 기본적인 문제의식에서부터 출발점이 다르기 때문이라고 생각합니다.

하지만 저 역시 이 논쟁의 의미는 크다고 생각해요. 롤스 선생의 이론과는 무관하게, 원래 정부는 시장에 개입하려는 욕구를 갖는 속성이 있습니다. 현대사회에서 행정부의 기능이 비대화되어 최소 정부가 아닌 최대 정부를 추구하는 경향이 있는 것은 관료제의 속성상 자연스러운 현상이라고 볼 수 있습니다.

때문에 이러한 논쟁을 통해, 끊임없이 시장에 개입하려는 국가의 속성에 문제제기를 하고 개인의 자유가 축소되지 않도록 자극하는 일이 목적의식적으로 이루어져야 합니다. 한국 사회도 마찬가지일 것이라 생각하고요. 지난 10여 년 동안 정부가 과도하게 시장에 개입해왔다고 보이거든요. 이 논쟁이 최소국가에 대한 문제의식이 확대되는 계기가 되었으면 합니다.

박쌤 | 못다 한 논의는 뒤풀이 자리에서 더 나누시죠. 한국까지 먼 길

을 오셨으니 제가 삼겹살에 소주로 한턱내겠습니다. 오랜 시간 고생하셨습니다.

정의론

정의의 역할 | 사상체계의 제1 덕목을 진리라고 한다면 정의는 사회제도의 제1 덕목이다. 이론이 아무리 정치하고 간명하다 할지라도 그것이 정당하지 못하면 개선되거나 폐기되어야 한다. 모든 사람은 전체 사회의 복지라는 명목으로도 유린될 수 없는 정의에 입각한 불가침성을 갖는다. 그러므로 정의는 타인들이 갖게 될 보다 큰 선을 위하여 소수의 자유를 뺏는 것이 정당화될 수 없다고 본다. 다수가 누릴 보다 큰 이득을 위해서 소수에게 희생을 강요해도 좋다는 것을 정의는 용납할 수 없다. 그러므로 정의로운 사회에서는 평등한 시민적 자유란 이미 보장된 것으로 간주되며, 따라서 정의에 의해 보장된 권리들은 어떠한 정치적 거래나 사회적 이득의 계산에도 좌우되지 않는 것이다. 우리가 결함 있는 이론을 그나마 묵인하게 되는 것은 그보다 나은 이론이 없을 경우인데, 이와 마찬가지로 부정의는 그보다 큰 부정의를 피하기 위해 필요한 경우에만

참을 수 있는 것이다. 인간 생활의 제1덕목으로서 진리와 정의는 지극히 준엄한 것이다.

(…중략…)

나는 먼저 정의의 원칙들이 수행하게 될 역할을 생각하는 것으로부터 시작할 것이다. 생각을 정돈하기 위해 우선 사회란 그 성원 상호간에 구속력을 갖는 어떤 행동 규칙을 인정하고 대부분 그에 따라서 행동하는 사람들로 이루어진, 어느 정도 자족적인 조직체라고 가정해보자. 나아가서 이러한 규칙은 그 성원들의 선(善)을 증진하기 위해 마련된 협동체제가 어떤 것인지를 구체적으로 명시하고 있다고 가정해보자. 그런데 사회란 비록 상호간의 이익을 위한 협동체이기는 하지만, 그것은 이해관계의 일치일 뿐만 아니라 이해관계의 상충이라는 특성도 갖는다. 사람들은 각자가 자기 혼자만의 노력에 의해서 살기보다는 사회 협동체를 통해서 모두가 보다 나은 생활을 할 수 있다는 점에서는 이해관계가 일치한다. 그러나 또한 사람들은 그들의 노력에 의해 산출될 보다 큰 이익의 분배 방식에 대해 무관심하지 않으며, 자신들의 목적을 추구하기 위해 적은 몫보다는 큰 몫을 원하기 때문에 이해관계가 상충하게 된다. 그러므로 이러한 이득의 분배를 결정해줄 사회체제를 선정하고 적절한 분배의 몫에 합의하는 데 필요한 어떤 원칙들의 체계가 요구된다. 이러한 원칙들이 바로 사회 정의의 원칙으로서, 그것은 기본적인 사회제도 내에서 권리와 의무를 할당하는 방식을 제시해주며 사회 협동체의 이득과 부담의 적절한 분배를 결정해준다.

(…중략…)

정의와 부정의에 대한 어떤 합의의 기준이 없을 경우, 서로 이익이 되는 체제의 유지를 보장하기 위해 효율적으로 그들의 계획을 조정하는 것이 더욱 어려워진다는 것은 분명하다. 불신과 원한이 시민적 유대를 좀먹으며, 의혹과 적개심은 사람들로 하여금 달리하면 피할 수 있을지도 모르는 행동으로 몰고 간다. 그래서 정의관이 갖는 뚜렷한 역할은 기본적인 권리와 의무를 구체적으로 명시해주고 적절한 배분의 몫을 정해주는 것이며, 그렇게 하는 방식은 효율이나 조정, 그리고 안정의 문제에 영향을 미치게 마련이다. 일반적으로 우리는 어떤 한 정의관의 역할이 정의의 개념을 확인하는 데 아무리 쓸모 있는 것일지라도 분배적 역할 하나만으로 그것을 평가할 수는 없다. 우리는 그것이 갖는 보다 광범위한 관련들을 고려해야 한다. 왜냐하면 비록 정의가 제도의 가장 중요한 덕목으로서 어떤 우선성을 갖는다 할지라도, 어떤 한 정의관이 다른 것들과 모든 조건이 같더라도 그것이 가져올 보다 광범위한 결과에 있어 더 바람직할 경우, 그 정의관이 더 낫다는 것은 당연할 것이기 때문이다.

정의론의 요지 | 나의 목적은 이를테면 로크, 루소 그리고 칸트에게서 흔히 알려져 있는 사회계약의 이론을 고도로 추상화함으로써 일반화된 정의관을 제시하는 일이다. 그러기 위해서 우리는 원초적 계약을 어떤 사람이 특정 사회를 택하거나 특정 형태의 정부를 세우는 것으로 생각해서는 안 된다. 오히려 핵심이 되는 생각은 사회의 기본 구조에 대한 정의의 원칙들이 원초적 합의의 대상이라는 점에 있다. 그것

은 자신의 이익 증진에 관심을 가진 자유롭고 합리적인 사람들이 평등한 최초의 입장에서 그들 조직체의 기본 조건을 규정하는 것으로 채택하게 될 원칙들이다. 이러한 원칙들은 그 후의 모든 합의를 규제하는 것으로서, 참여하게 될 사회 협동체의 종류와 설립할 정부 형태를 명시해준다. 정의의 원칙들을 이렇게 보는 방식을 나는 공정으로서의 정의(justice as fairness)라 부르고자 한다.

(…중략…)

공정으로서의 정의에 있어서 평등한 원초적 입장(original position)이라는 것은 전통적인 사회계약론의 자연 상태(state of nature)에 해당한다. 이 원초적 입장을 역사상에 실재했던 상태로 생각해서는 안 되며, 더구나 문화적 원시 상태로 생각해서도 안 된다. 그것은 일정한 정의관에 이르게 하도록 규정된 순수한 가상적 상황으로 이해된다. 이러한 상황이 갖는 본질적 특성은 아무도 자신의 사회적 지위나 계층상의 위치를 모르며, 누구도 자기가 어떠한 소질이나 능력, 지능, 체력 등을 천부적으로 타고났는지를 모른다는 점이다. 심지어 당사자들(parties)은 자신의 가치관이나 특수한 심리적 성향까지도 모른다고 가정된다. 정의의 원칙들은 무지의 베일(veil of ignorance) 속에서 선택된다. 그 결과 원칙들을 선택함에 있어서 아무도 타고난 우연의 결과나 사회적 여건의 우연성으로 인해 유리하거나 불리해지지 않는다는 점이 보장된다. 모든 이가 유사한 상황 속에 처하게 되어 아무도 자신의 특정 조건에 유리한 원칙들을 구상할 수 없는 까닭에, 정의의 원칙들은 공정한 합의나 약정의 결과가 된다.

(…중략…)

내가 주장하려는 것은, 원초적 입장에서 사람들은 다음과 같은 상이한 두 원칙을 채택하리라는 것이다. 즉 첫 번째 원칙은 기본적인 권리와 의무의 할당에 있어 평등을 요구하는 것이며, 반면에 두 번째 것은 사회적·경제적 불평등, 예를 들면 재산과 권력의 불평등을 허용하되 그것이 모든 사람, 그중에서도 특히 사회의 최소 수혜자에게 그 불평등을 보상할 만한 이득을 가져오는 경우에만 정당한 것임을 내세우는 것이다. 이러한 원칙들은 소수자의 노고가 전체의 보다 큰 선에 의해 보상된다는 이유로 어떤 제도를 정당화하는 일을 배제한다. 다른 사람의 번영을 위해서 일부가 손해를 입는다는 것은 편리할지는 모르나 정의롭지는 않다. 그러나 불운한 사람의 처지가 그로 인해 더 향상된다면 소수자가 더 큰 이익을 취한다고 해도 부정의한 것은 아니다.

제2원칙에 대한 해석 | 자연적 자유 체제에 있어서는 대체로 다음과 같은 효율적 분배들을 선택한다. 우리가 경제학에 의해 알고 있듯이 경쟁적인 시장경제를 규정하고 있는 전형적인 가정들 아래서 소득과 부가 효율적인 방식으로 분배될 것이며, 일정 기간에 나타나는 특정한 효율적 분배는 최초의 자산 분배, 다시 말하면 소득과 부, 천부적 재능 등의 최초의 각 분배에 의해 결정된다고 가정해보자. 최초의 각 분배에 따라 일정한 효율적 결과가 생겨나게 된다. 따라서 만일 그 결과가 단순히 효율적일 뿐만 아니라 정의로운 것이라고 우리가 받아들이는 경우에는 우리가 자신의 최초 분배가 결정되는 기반도 받아들여

야만 한다는 사실이 판명된다.

(…중략…)

직감적으로 생각할 때 자연적 자유 체제가 갖는 가장 뚜렷한 부정의는, 도덕적 관점에서 볼 때 지극히 임의적인 이러한 요인들로 인해서 배분의 몫이 부당하게 좌우되는 것을 그것이 허용하고 있다는 점에 있다.

내가 자유주의적 해석이라고 부르게 될 입장에서는 재능이 있으면 출세할 수 있다는 요구 조건에 공정한 기회 균등이라는 조건을 부가시킴으로써 이러한 부정의를 시정하기 위해서 노력하고 있다. 그 주요 사상은 직위란 단지 형식적 의미에서만 개방되어서는 안 되고 모든 사람들이 그것을 획득할 수 있는 공정한 기회를 가져야만 한다는 것이다. 이것만으로는 의미하는 것이 무엇인지 분명하지 않지만, 그러나 유사한 능력과 재능을 가진 사람들은 유사한 인생의 기회를 가져야 한다고 말할 수 있을 것이다. 더욱 분명하게 말하면, 천부적 자산을 분배할 수 있다고 가정할 경우 동일한 수준의 재능과 능력을 가진 사람들로서 그것을 사용할 동일한 의향을 가진 사람들은 사회체제 내에서의 그들의 최초의 지위에 관계없이 동일한 성공의 전망을 가져야 한다는 것이다.

(…중략…)

그래서 그 두 원칙에 대한 자유주의적 해석이 의도하는 것은 분배의 몫에 있어서 사회적 우연성이나 천부적 운명의 영향을 경감시키고자 하는 것이다. 이 목적을 달성하기 위해서는 사회 구조에 대해 보다 근본적인 구조적 조건들을 부과할 필요가 있다. 자유시장

체제는 경제적 사태의 전반적인 추세를 규정하거나 또는 공정한 기회 균등을 위해서 불가결한 사회적 여건을 제공하는 정치적·법적 제도 체계 내에 성립해야 한다. (…중략…) 문화적인 지식이나 기능을 획득하는 기회가 우리의 계급적 지위에 따라 결정되어서는 안 되며, 따라서 공립이든 사립이든 학교 제도는 계급의 장벽을 철폐시키도록 기획되어야 할 것이다.

    자유주의적 입장이 분명히 자연적 자유 체제보다 나은 것으로 생각되긴 하지만 거기에도 아직 결점이 있다는 것을 직감적으로 알 수 있다. 그것이 사회적 우연성의 영향을 감소시키는 작용을 하는 한 가지 장점이 있긴 하지만, 아직도 능력과 재능의 천부적 배분에 의해 부나 소득의 분배가 결정되는 점은 허용하고 있다. 배경적 체제들이 허락하는 한계 내에서는 배분의 몫이 천부적 운에 의해 결정되는데, 이 결과는 도덕적 관점에서 볼 때 자의적인 것이다. 소득과 부의 분배가 역사적·사회적 행운에 의하여 이루어지는 것을 허용할 이유가 없는 것과 마찬가지로, 천부적 자산의 분배에 의하여 소득과 부의 분배가 이루어지는 것도 허용할 이유가 없다. 더욱이 기회 균등의 원칙은 가족제도가 존재하는 한 오직 불완전하게만 이루어질 수 있다. 천부적 능력이 계발되고 성숙하는 정도는 모든 종류의 사회적 여건과 계급 양태에 영향을 받는다. 노력하고 힘쓰며 일반적인 의미에서 가치 있는 존재가 되고자 하는 의욕 그 자체까지도 행복한 가정 및 사회적 여건에 의존한다. 실제에 있어서 비슷한 능력을 가진 사람들에게 기능과 교양에 대한 동등한 기회를 보장한다는 것은 불가능하다. 따라서 우리는 이 사실을 시인하고 또한 천부적인 운수 자체가 갖는 자의적인 영향을 완화시키는 원칙을 채택하고자 한다.

평등에로의 경향 | 두 원칙에 대한 논의를 끝맺으면서 나는 두 원칙이 평등주의적 정의관을 표현하고 있다는 의미를 설명하고자 한다. 또한 내가 미리 손을 쓰고 싶은 것은, 공정한 기회의 원칙이란 결국 냉담한 업적주의적 사회에로 나아간다는 반론이다. 미리 손을 쓸 방도를 강구하기 위해 내가 지금까지 전개해온 정의관의 몇 가지 측면에 주목해보기로 한다.

첫째로 우리가 알 수 있는 것은, 차등의 원칙이란 보상의 원칙에 의해 선정되는 고려사항에 중점을 둔다는 사실이다. 이것은 부당한 불평등은 보상을 요구한다는 원칙으로서, 출생이나 천부적 재능의 불평등은 부당하며 이러한 불평등은 어떠한 식으로든 보상되어야 한다는 것이다. 그래서 이 원칙은 모든 사람을 동등하게 취급하기 위해서, 즉 진정한 기회 균등을 제공하기 위해서 사회는 마땅히 보다 적은 천부적 자질을 가진 사람과 보다 불리한 사회적 지위에서 태어난 사람에 더 많은 관심을 가져야 한다고 주장한다. 기본 사상은 평등에로의 방향을 향해서 우연적 여건의 편향을 보상해주자는 것이다. 이러한 원칙을 따르게 되면 적어도 어느 기간 동안, 예를 들어 저학년 동안만이라도, 지능이 높은 사람보다 낮은 사람의 교육에 더 많은 재원이 소비될 것이다.

(…중략…)

그래서 비록 차등의 원칙은 보상의 원칙과 동일한 것은 아니지만 그 원칙의 취지를 어느 정도 실현해주고 있다. 그것은 기본 구조의 목표를 변형시킴으로써 총체적 제도체제가 더 이상 사회적 효율성이나 기술 지배적 가치를 강조하지 않도록 한다. 차등의 원칙은 결국 천부적 재능의 분배를 공동의 자산으로 생각하고 그 결과에 상관없이 이러한 분배가 주는 이익을 함께 나누어 가지는 데 합의한다는 것을 의미한다. 천부적으로 보다 유리한 처지에 있는 사람들은, 그들이 누구든지 간에, 아주 불리한 처지에 있는 사람들의 여건을 향상시켜준다는 조건 하에서만 그들의 행운에 의해 이익을 볼 수 있다. 천부적으로 혜택 받은 사람들은 그들이 재능을 더 많이 타고났다는 바로 그 이유만으로는 이득을 볼 수 없으며, 훈련과 교육비를 감당해야 하고 불운한 사람들도 도울 수 있도록 그들의 자질을 사용해야 한다.

(…중략…)

천부적으로 타고나는 것은 정의롭다거나 부정의하다고 할 수 없으며, 사람이 사회의 어떤 특정한 지위에 태어나는 것도 부정의하다고 볼 수 없다. 이것은 단지 자연적인 사실에 불과하다. 정의 여부가 문제되는 것은 제도가 그러한 사실들을 처리하는 방식이다. 귀족 사회나 계급 사회가 부정의한 이유는 그러한 사회가 이러한 우연성을 다소간 한정되고 특전을 가진 계층에 속하게 되는 귀속 근거로 삼기 때문이다.

(…중략…)

우리가 사회에서 우리의 최초 출발 위치에 대해 응분의 자격을 갖는 것이 아니듯이, 천부적 자질의 배분에서 우리의 위치에 대해 역시 응분의 자격을 갖는 것은 아니다. 우리가 자신의 능력을 개발하도록 노력할 수 있게 해주는 우월한 성격에 대해 응분의 자격을 갖는다는 주장 역시 의문스럽다. 왜냐하면 그의 성격은 대체로 자신의 공로라고 주장할 수 없는 훌륭한 가정이나 사회적 여건에 달려 있기 때문이다. 응분의 몫이라는 개념은 여기에 적용될 수 없다고 생각한다.

-출전 : 《정의론》, 황경식 옮김, 이학사, 2003

| 아나키, 국가, 유토피아

사회적 협동 | 롤스에 따르면 분배적 사회 정의의 문제는 협동의 이익이 어떻게 분배 또는 할당되어야 할 것인가의 문제이다. (…중략…) 왜 사회적 협동이 분배적 정의의 문제를 창출하는가? 사회적 협동이 전혀 없다면, 즉 각인이 그 자신의 노력에 의해서만 자신의 몫을 차지한다면, 정의의 문제나 정의의 이론에 대한 필요는 존재하지 않을까? 롤스가 그러리라 생각되는 바처럼, 우리도 이 상황이 분배적 정의의 문제를 제기하지 않는다 생각한다면, 사회적 협동에 관한 어떤 사실로 해서 정의에 관한 이러한 문제들이 부각되는가? 사회적 협동의 어떤 측면이 정의의 문제들을 발생시키는가? 사회적 협동이 있을 경우에만 상충되는 권리 주장이 있으리라고는 말할 수 없다. 즉 독자적으로 생산하고 자활하는(적어도 처음에는) 개인들은 서로에 대해서 정의의 권리 주장을 하지 않으리라 말할 수 없다. (…중략…) 중요한 것

은, 누구도 사회적 협동이 결여된 상황에서 그러한 권리 주장을 하지 않을 것이라는 점보다는, 설혹 한다 해도 그러한 주장은 분명 취할 만하지 않다는 점이다. 그러나 왜 그 주장은 분명 취할 만하지 않은가? 사회적 협동이 없는 사회에서 각 개인들은 타인의 도움 없이 자신의 노력에 의해 얻은 바를 받을 응분의 자격이 있다고, 또는 달리 말하면 다른 누구도 이 소유에 반대하는 정의의 권리 주장을 할 수 없다고 말할 수 있겠다. 이러한 상황에서는 누가 무엇에 대한 권리가 있는지는 투명할 정도로 명백하므로, 정의의 이론은 필요치 않다. 이 견해에 따르면, 사회적 협동은 물의 혼탁화를 야기하며 이는 누가 무엇에 대한 권리가 있는지를 불분명하게 또는 불확정적이게 한다. 이 비협동적 상황에는 어떤 정의의 이론도 적용되지 않는다고 말하기보다는(비협동적 상황에서 한 사람이 다른 사람의 생산품을 훔친다면 이는 불의하다 할 수 있지 않을까?), 나는 이것이 정의의 올바른 이론, 즉 소유 권리론이 적용될 명백한 경우라 말하겠다.

　사회적 협동은 상황을 어떻게 변화시켜, 비협동적 경우에 적용되는 그 동일한 소유 권리에 기반한 원리들이 협동적 경우에는 적용 불가하며 부적합한 것이 되는가? 협동하는 독립적 개인들이 기여한 바를 밝혀낼 수 없기 때문이라고, 즉 모든 것들은 모든 사람의 공동 노력의 소산이기 때문이라고 말할 수 있다. 이 공동 생산물에 대해, 또는 이의 어느 부분에 대해서라도 각 사람들은 동일한 강도의 권리 주장을 함직하다. 모든 사람들이 동일하게 유효한 권리를 지니며 또는 적어도 누구도 다른 누구에 비해 뚜렷이 보다 강한 권리를 갖지 않는다. 어떤 방식으로든(이런 식의 사고방식은 계속 주장하길), 공동의 사회적 협동의 생산물 전량(이에 대해 개별적인 소유 권리들은 차별적으로 적용되지 않는다)을 어떻게 분배해야 할 것인가가 결정되어야만 한다. 이것이 분배적 정의의 문제이다.

개인들의 소유 권리들은 협동에 의해 생산된 물건의 부분들에 적용되지 않는가? 우선 사회적 협동은 분업, 전문화, 비교 우위, 교환에 기반해 있다. 즉 각인은 그가 받은 투입분의 일부를 변형시키기 위해 홀로 일하는 한편, 타인들과 계약을 맺어 그들로 하여금 이를 더욱 변형시키고 이를 운반하여 그의 궁극적 소비자에 이르게 한다고 가정해보자. 사람들은 사물을 만들어내는 데에 협동은 하나 독자적으로 일한다. 각인이 소규모 공장이다. 각 사람의 생산물은 쉽사리 알아볼 수 있고, 교환 행위는 공개 시장에서 이루어져 가격은 경쟁 하에서 그리고 정보의 제약 하에서 결정된다. 이와 같은 체계의 사회 협동에서 정의 이론의 과제는 무엇인가? 결과하는 소유 상태는 교환이 이루어지는 교환 비율 또는 가격에 의존하며, 따라서 정의의 이론은 '공정한 가격(fair prices)'을 위한 기준을 마련하는 것이라 말할 수 있다.

협동의 조건들과 차등의 원칙 | 사회적 협동의 분배분과의 관계 문제에 관한 롤스의 또 다른 입장은 우리로 하여금 그의 실제의 논의와 씨름하게 한다. 롤스는 합리적이며 상호 이해관계가 없는 사람들이 어떤 상황에서, 또는 그가 이 상황의 특성으로 기술한 것과는 다른 자신들의 특성들로부터 벗어나 서로 만난다고 상상한다. 롤스가 '원초적 입

장'이라 부르는 이 선택의 가정적 상황에서, 사람들은 자신들의 제도들에 대한 모든 이후의 비판과 수정을 규제할 정의관의 제1원리들을 선택한다. 이 선택을 하는 과정에서 누구도 사회 안에서의 자신의 위치, 자신의 계급이나 사회적 지위, 자신의 자연적 재능과 능력, 자신의 신체적 힘, 지능 등등을 모른다.

(…중략…)

롤스가 '차등의 원리'라 부르는 두 번째 원리에 따르면, 제도적 구조는 이 구조 하에서 가장 불우한 집단이 적어도 다른 제도적 구조 하에서 가장 불우한 집단이(두 서로 다른 제도적 구조 하에서 가장 불우한 집단이 똑같은 집단일 필요는 없다) 살 만큼은 잘 살도록 그렇게 설계되어야 한다. 정의의 원리들을 진지하게 선택함에 있어 원초적 입장에 있는 사람들이 최소 수혜자의 이익을 극대화하는 정책을 따른다면, 롤스는 논하길, 사람들은 차등의 원리를 선택하리라는 것이다. 여기에서 우리의 관심사는 롤스가 기술한 상황에서 사람들이 실제로 그러한 원리들을 선택할 것인가의 문제가 아니다. 하지만 우리는 왜 원초적 입장에서 사람들이 개인들보다는 집단에 초점을 맞추는 원리를 선택할 것인가를 물어야 한다. (…중략…) 초점을 집단 또는 대표적 개인들로 이전시키는 것은 편의적 논법인 듯하며, 개인적 입장에 있는 자들에 대해서는 동기 유발이 불충분한 듯이 보이는 것이다. 왜 우울증 환자들이나 알코올중독자들이나 반신불수자들의 집단은 제외되는가?

(…중략…)

의심할 바 없이 차등의 원리는 자질에 있어 뛰어나지 않은 사람들로 하여금 기꺼이 협동하게 할 계약 조건들을 제시한다(보다 나은 계약 조건을 그들 자신이 제안할 수 있는가?). 그러나 이는 자질이 뛰어나지 못한 사람들이 타인의 기꺼운 협동을 기대할 수 있는 기반이 될 수 있을 것인가? 사회적 협동이 주는 이득의 존재에 관해서는 상황은 대칭적이다. 뛰어난 자질의 사람들은 뛰어나지 못한 자질의 사람들과 협동함으로써 소득을 얻고, 그리고 뛰어나지 못한 자질의 사람들은 뛰어난 자질의 사람들과 협동함으로써 소득을 얻는다. 그러나 차등의 원리는 이 두 부류의 사람들 사이에서 중립적이 아니다. 그러면 어디에서 이 비중립성, 이 비대칭성은 연유하는가?

(…중략…)

보다 자질 있는 집단이 타인들에게 상당한 경제적 이득을 가져다 줄 어떤 것들을, 가령 새로운 발명이나 생산 방식에 관한 새로운 아이디어나 사물 처리 방식, 경제적 작업을 행하는 기술 등을 성취할 줄 아는 사람들을 포함하는 경우, 다음과 같은 결론을 내리지 않을 수 없다. 덜 자질 있는 자들이 더 자질 있는 자들보다 일반적 협동체제에서 보다 많은 이익을 얻는다고. 이 결론으로부터 무엇이 뒤따르는가? 나는 보다 자질 있는 자들이 이들이 일반적인 사회 협동의 소유 권리 체제 하에서 얻은 것보다 더 많은 것을 얻어야 한다고 함축하는 것은 아니다. 위의 결론에서 뒤따르는 것은 공정성의 미명 하에 자발적인 사회 협동(과 이로부터 발생하는 소유 상태)에 제약 사항을 부과하여 이 일반적 협동에서 이미 최대의 이익을 얻은 자들이 더욱 큰 이익을 얻게 하는 데 대한 깊은 의아심이다.

원초적 입장과 종국결과(終局結果) 원리들 | 덜 자질 있는 사람들에 의해 제안된 이 조건들이 공정하다는 발상은 어찌하여 가능하였는가? 누구도 그의 어느 부분에 대해서도 권리를 갖지 않는 사회적인 파이 덩어리를 생각해보자. 즉 어느 누구도 다른 사람보다 더 큰 권리를 갖지 않는다. 그러나 이것이 어떻게 분할될 것인가에 관해 만장일치의 합의가 있어야만 한다. 의심할 바 없이 위협과 저항을 제외하면 평등한 분배가 제안될 것이며 이는 그럴듯한 해결로 생각될 것이다. 만약 어찌어찌하여 파이의 크기가 정해지지 않았고, 평등한 분배를 하면 다른 경우보다 작은 크기의 파이를 얻게 된다는 것을 사람들이 인지하고 있다고 가정할 때, 사람들은 최소 분배분의 크기를 증대시킬 불평등한 분배에 합의할 것이다. 그러나 실제적 상황에서는 이러한 인지는 파이의 부분들에 대한 차별적 권리에 관해 무엇인가를 보여주지 않는가? 파이를 보다 크게 만든 사람은 누구인가, 보다 큰 몫을 받으면 크게 만들 것이나 평등 분배의 체제 하에서 남과 똑같은 몫을 받으면 그렇지 않을 사람은 누구일까? 어느 누구에게 장려금이 지급되어 이 파이를 보다 크게 만들 것인가? (…중략…) 왜 이 확인할 수 있는 차별적 기여가 차별적인 소유 권리로 이르지 않는가?

(…중략…)

롤스의 구조는 역사적 또는 소유 권리적 정의관을 산출치 않으므로, 이 구조로 하여금 그를 산출치 못하게 하는 그 구조의 어떤 특성이 있을 것이다. 우리는 그 특정의 특성에 초점을 맞추고, 이 특성이 롤스의 구조로 하여금 원리적으로 소유 권리적 또는 역사적 정의관을 산출치 못하게 한다고 말하는 일 이외의 것을 한 바 있는가? 우리가 이런 비판을 했다면, 이는 전혀 타당치 못할 것이다. 왜냐하면 이런 의미에서라면 우리는 그의 구조는 이것이 실제 산출하는 것 이외의 정의관은 산출할 수 없다고 말해야 할 것이기 때문이다. 우리의 비판은 이보다 깊이 있는 것이다(그리고 나는 이 점이 독자들에게 명백하기 바란다). 그러나 깊이에 대한 요구되는 기준을 정형화하기란 어려운 일이다. 우리의 비전이 절름발이로 보이는 것을 막기 위해 다음의 점을 추가하자. 소유 권리적 정의관에의 합의를 배제함에 있어 가장 두드러진 특성인바, 롤스에 따르면 무지의 베일의 기저에 깔려 있는 근본적인 생각은 일부의 사람들이 원리들을 자신들에게 유리하게 재단함을, 즉 그의 특정 상황에 유리하게 원리들을 설계하는 것을 막자는 것이다. 그러나 무지의 베일은 단지 이 역할만을 하는 것이 아니다. 이는 도덕성의 어떤 형식적 조건을 반영하는 상황에서 결정하도록 제약되어 있는, 무지하며 무도덕적인 개인들의 합리적인 계산에 소유 권리적 고려사항들의 그림자조차 개입치 못하게 한다.

소극적 논변 | 왜 천부적 자질에 대한 인식이 원초적 입장에서 배제되어야 하는가? 짐작건대 그 근저의 이유는 특정의 특성들이 도덕적 관점에서 보면 자의적일 경우, 원초적 입장에 있는 개인들은 자신들이 이들을 소유하고 있음을 몰라야 한다는 것이리라. 그러나 이는 개인들이 그들 자신에 관해 아무것도 몰라야 한다는 주장과 같다. 왜냐하면 그들이 가진 제 특성들(이성적 능력, 선택을 할 능력, 3일 이상 살수 있다

는 사실, 기억력의 소유, 자신들과 같은 유기체들과 교통할 수 있는 능력)의 각각은 그들을 탄생시킨 정자와 난자가 특정의 유전물질을 지니고 있다는 사실에 기초해 있기 때문이다. 그 특정의 난자와 정자가 특정의 유기화합물(즉 사향쥐나 나무의 그것이 아니라 인간의 유전인자)을 포함하고 있다는 물리적 사실은 도덕적 관점에서 볼 때 자의적이다. 이는 도덕적인 관점에서 보면 우연히 일어난 일이다. 원초적 입장의 개인들은 그들이 지닌 속성의 일부는 알아야만 한다.

이성적 능력 등이 도덕적으로 자의적인 사실로부터 발생한다는 이유만으로 이들 특성에 대한 인식을 원초적 입장에서 배제시켜야 한다고 제안한 것은 너무 성급한 일일지도 모르겠다. 왜냐하면 이 특성들도 도덕적 의의를 지니기 때문이다. 즉 도덕적 사실들이 이에 의존해 있거나 이로부터 발생한다. 여기에서 우리는 한 사실이 도덕적인 관점에서 볼 때 자의적이라는 주장의 애매성을 볼 수 있다.

공유 자산 | 롤스의 견해는, 모든 사람들은 자신의 천부적 자질에 대해 개별적 권리를 행사할 수 있는 것이 아니라 모든 사람들이 자연적 자산의 전체에 대해 어떤 소유 권리를 소유한다는 것으로 보인다. 자연적 능력들의 분배는 '공유 자산'으로 그는 간주한다.

(…중략…)

사람들은 자연적 재능을 공유 자산으로 간주하는 방식에 있어 견해를 달리할 것이다. (…중략…) 공동체 내의 재능을 소유하지 않은 다른 사람들은 이들이 있음으로 해서 이익을 얻고, 이들이 다른 곳이 아니라 그곳에 있기 때문에 더 잘 산다. 삶은 장기적인 안목에서 볼 때 보다 뛰어난 능력이나 노력 때문에 일부가 보다 많은 것을 얻게 되면 다른 사람들은 그만큼 잃게 되는 그런 총액 불변의 게임이 아니다. 자유로운 사회에서는 개인들의 재능은 자신들뿐만 아니라 타인들에게도 이익이 된다.

(…중략…)

우리가 여기에서 분배적 정의에 대한 탐구를 시작한 목적은 최소 국가보다 더 포괄적인 국가가 분배적 정의를 성취하기 위해 필요하다거나 그를 위한 가장 적합한 도구라는 근거에서 정당화될 수 있다는 주장을 검토하기 위한 것이었다. 우리가 제시한 소유물에 있어서의 소유 권리에 의거한 정의관에 따르면, 분배적 정의의 처음 두 원리들, 즉 취득과 양도의 원리들은 그러한 보다 포괄적인 국가를 정당화하지 않는다. 한 소유물의 분배 상태가 적절하게 생성되는 경우, 분배적 정의에 기초한 어떤 논변도 보다 포괄적인 국가를 옹호하지 않는다.

- 출전 : 《아나키에서 유토피아로》, 남경희 옮김, 문학과지성사, 1997

2부
겔렌과 아도르노의
제도 논쟁

제도는 인간을 보호하는가, 억압하는가?
인간은 제도에서 자유로울 수 있는가?

논쟁 1

제도는 인간을 보호하는가, 억압하는가?

박쌤 | 오늘은 겔렌 선생과 아도르노 선생을 모시고 제도에 대한 논쟁을 펼쳐 나가도록 하겠습니다. 두 분은 제도에 대해 상반된 입장을 갖고 계신데, 오늘 논의는 제도의 기능적인 측면보다는 주로 제도와 인간의 관계에 초점을 맞춰서 진행하겠습니다.

사회 속에서 살아가고 있는 우리의 주위를 조금만 둘러보면 제도화되지 않은 삶의 영역이 과연 있을까 싶을 정도로 인류는 제도의 틀 안에서 살고 있습니다. 그만큼 제도가 인간에게 미치는 영향은 절대적이라 해도 과언이 아닐 것입니다. 하지만 제도는 인간을 보호해주고 인간에게 편의를 가져다주는 측면과 함께 개인의 자유를 제한할 뿐만 아니라, 개인 위에 군림하여 개인을 억압하는 거대한 힘으로 작용하는 측면도 있습니다.

두 분은 이미 40여 년 전에 제도의 문제와 관련하여 논쟁을 벌인 바가 있습니다. 하지만 40~50년 전이나 지금이나 제도의 의미와 대안에 대한 고민은 여전합니다. 아니, 어떤 면에서는 그 당시보다 현대사회로 올수록 더욱 촘촘하게 제도의 그물망이 확대되었다는 점을 고려할 때 논쟁의 의미는 더욱 커진 상태라고 말씀드릴 수 있을 것 같습니다. 그러므로 오늘 제도에 대한 논의를 되살리는 것은 우리에게 더욱 많은 사유의 실마리를 제공하는 역할을 할 것이라는 점에서 매우 유익할 것입니다.

오늘 논쟁은 40여 년 전에 이미 있었던 두 분의 논쟁을 더 진전시켜 나가는 방식으로 진행하고자 합니다. 당시에는 아무래도 제한된 내용 속에서 비교적 추상적인 논의에 머무르는 한계가 있었던 게 사실입니다. 오늘은 이를 더욱 구체화하고 실천적인 측면에서 논의를 이끌어낼 수 있는 방향으로 진행하고자 합니다. 일단 논쟁점을 다음과 같이 크게 두 가지로 잡을 수 있을 것 같은데요.

- 제도는 인간을 보호하는가, 억압하는가?
- 인간은 제도에서 자유로울 수 있는가?

첫 번째 논쟁점은 제도의 본질적인 성격을 어떻게 바라볼 것인가에 해당하는 논의입니다. 제도의 성격을 어떻게 규정하느냐에 따라 전혀 다른 접근과 진단을 하게 될 테니 여기에서 출발하는 것이 적절하다고 봅니다.

두 번째 논쟁점은 한마디로 말해서 '그러면 어떻게 하자는 거냐'에 해당하는 논의입니다. 서로 다른 진단에 기초할 때 인류가 앞으로 선택해야 할 대안적인 측면에서 모색을 해보자는 취지입니다.

본격적인 논의에 앞서 당부 드리고 싶은 말이 있습니다. 좀 전에도 말했지만 과거의 논쟁은 추상적인 면이 강했습니다. 특히 아도르노 선생은 상당히 함축적인 개념이나 표현을 사용하여 글을 쓰기 때문에 많은 독자들이 관심을 갖고 있으면서도 쉽게 접근을 못하는 경우가 많습니다. 오늘 토론에서는 가급적 풍부하고 구체적인 논의가 되도록 쉽게 설명해주셨으면 합니다. 가능하겠지요?

겔렌 | 저 역시 그간 아도르노 선생과의 논쟁에서 아쉬움이 많았습니다. 박쌤도 지적한 바와 같이 아도르노 선생의 경우 어떤 면에서는 지나치게 압축적인 방식으로 추상적인 논리를 전개해서 좀처럼 논쟁점이 형성되지 않고 흐려져 버리는 게 아닌가 하는 불만이 있었습니다. 그래서 오늘은 문제를 우회하는 것이 아니라 정면에서 분명하게 논의하는 자리가 되었으면 해요. 저도 그렇게 논의가 진행되도록 노력할 테고요. 특히 저로서는 아도르노 선생에 비해 한국의 독자들과 책을 통해 만날 기회가 상당히 적었거든요. 오늘 이 자리를 통해서 좀 더 긴밀하게 문제의식을 공유하고 싶기도 합니다.

아도르노 | 제가 글을 좀 어렵게 쓰기는 하죠. ㅎㅎ 알겠습니다. 오늘은 가급적 쉽고 구체적인 설명이 되도록 노력하겠습니다.

하지만 제도의 문제는 상당히 딜레마적인 요소가 있는 것 또한 사실입니다. 그 경계에서 고민하다 보면 아무래도 모호해 보이는 부분이 있게 마련일 겁니다. 또한 제도와 관련하여 문제가 되는 인간의 자유 영역은 실제적인 측면만이 아니라 철학적인 의미에서의 접근도 아주 중요합니다. 그렇기 때문에 개념적이고 추상적으로 보이는 논의가 포함되지 않을 수 없는 사정이 있습니다. 최대한 쉽고 구체적인 논의를 중심으로 하겠지만, 일정한 범위 내에서 추상화 작업은 불가피할 수도 있을 것입니다. 이 점은 조금 양해해주시기 바랍니다.

박쌤 | 그럼 논의를 제도의 본질에 대한 이해에서 출발하도록 하겠습니다. 먼저 이 문제에 대해 체계적으로 정리한 바 있는 겔렌 선생이 제도란 무엇인지, 제도의 정의와 관련하여 정리해주셨으면 합니다.

겔렌 | 제도는 인간의 생식과 보호, 생계유지와 같은 중요한 문제와 직접적인 연관을 지니는 중요한 형식입니다. 그러므로 제도에 대한 이해는 인간에 대한 이해에서 출발해야겠죠.

인간은 본래적으로 불안정한 존재입니다. 외적, 내적 모든 측면에서 불안정한 모습을 지니고 있습니다. 먼저 외적인 측면에서 볼 때, 인간은 동물에 비해 힘이나 감각 능력이 너무나 약합니다. 아마 달리기 경주를 한다면 인간은 거북이와 같은 몇몇 동물을 제외하고는 항상 꼴찌를 면하지 못할걸요. 시각 능력에서도 높은 창공에서 지상의 작은 먹이를 발견하는 새를 따라갈 수 없을 것입니다. 팔이나 다리의 힘도 마찬가지일 것이고요. 힘이나 감각적인 능력만으로 보자면 인간은 약육강식의 자연에서 아마 생존 자체가 어려웠을 것입니다.

이렇게 결함이 많은 인간은 혼자 힘으로 살아갈 수 없었겠죠. 그 때문에 환경에 대처하여 살아가기 위해서는 그에 합당한 협동과 분업에 기초한 행동 양식을 찾아야만 했습니다. 그런데 이러한 행동 양식이 일회적이거나 일시적이면 자연과 생존의 위협에 대처하는 게 어려울 것이 당연합니다. 그러므로 행동 양식을 형식화하여 표준으로 삼는 것이 필수 불가결하게 됩니다. 형식과 표준이 제도화되어 계승되고 보완됨으로써 개인이 처하게 될 많은 어려움과 위험에 대한 보호 장치가 되는 것입니다.

또한 내적인 측면에서도 인간은 정신과 문화적인 요소를 특징으로 하는 존재이기 때문에 일상적인 불안정을 가질 수밖에 없습니다.

제도는 인간의 생식과 보호, 생계유지와 같은 중요한 문제와 직접적인 연관을 지니는 중요한 형식입니다.

특히 각자의 복잡한 내면에 기초하면서도 그러한 개인이 상호관계를 맺어서 살아가야 하는 존재이기에 불안정성은 더욱 높아지게 됩니다. 하지만 제도화가 이루어지면서 각자가 행해야만 하는 것과 그만두어야만 하는 것을 궁극적으로 규정할 수 있고, 또한 이와 함께 내면적 삶을 안정시키는 특수한 이익을 획득하게 됩니다.

그런 점에서 제도는 본래 불안정한 존재인 인간이 서로 견뎌내고 믿을 수 있도록 하기 위하여 찾아낸 형식이라고 할 수 있어요. 제도는 우리가 항상 격렬하게 대립해야 하는 부담과 기본적인 문제에 대해 결정해야 하는 부담에서 벗어나게 해줍니다. 저는 이것을 '부담 면제 기능'이라고 부르는데요, 매순간 개인이 선택을 해야 하는 부담에서 벗어나게 해주는 기능을 한다는 얘기입니다. 그리하여 제도는 인간 상호간에 규칙적이고 지속적인 협력을 요구하며, 다른 한편 안정된 권력이 됩니다.

아도르노 | 제도가 안정된 권력이라고요? 겔렌 선생은 침묵이나 무력함을 안정과 혼동하고 있는 게 아닌가 싶습니다. 저는 이렇게 말하고 싶습니다. 안정된 권력은커녕 제도는 인간과 맞닥뜨려 있는 낯설고 위협적인 권력입니다.

그동안 제도를 강조해온 사람들은 대개 인간의 불안정성이나 이기심 등을 이유로 법이나 제도의 불가피성, 우월성을 정당화해왔습니다. 자연의 위협에 대처하기 위해서는 제도가 불가피했고, 더 나아가서는 바람직하다는 논리입니다. 또한 홉스처럼 인간의 본래적인 이기심 때문에 발생하는 '만인에 대한 만인의 전쟁' 상태에서 벗어나기 위해서도 법과 제도에 의한 강제가 필수적이라는 점을 거듭 강조해왔습니다. 이 속에서 개인은 마치 아기가 어머니의 품에서 느끼는 것처럼 안정된 상태를 누릴 수 있다는 주장이었습니다. 합법적인 지위를 지니는 제도를 통해 인간은 인간 외부로부터 자신을 보호하고, 또한 인간의 삶이 안정적으로 재생산되는 것이 가능해졌다는 것이지요.

물론 법이나 제도는 인간 삶의 재생산을 긍정적으로 보호하는 기능이 있기는 합니다. 하지만 다른 한편으로 제도는 보호와는 아주 상반된 성격, 즉 인간에 대한 파괴적 성격을 본질적으로 갖고 있기도 합니다. 왜냐하면 제도란 기본적으로 그 제도에서 벗어난 행위 양식에 대해서는 파괴적인 조치 위에서 성립할 수 있었고, 자신이 정한 규칙에서 벗어난 행위에 대해서는 폭력적으로 제한하는 특징을 갖고 있습니다. 그 파괴적 성격이 지금까지 조금도 완화되지 않은 채 유지되고 있고요.

아 참, 박쌤이 알아듣기 쉽게 논의해달라고 했으니 구체적 예를 들어 설명하는 게 좋을 것 같군요. 부계제 가족제도의 예를 들어봅시다. 부계제 가족제도 이전에는 우리가 모계제라고 부르는 가족 형태가 있었습니다. 그런데 이 모계제는 '제'라는 표현을 쓰고는 있지만 엄밀하게 보자면 제도라고 볼 수는 없습니다. 왜냐하면 모계사회는 사회적으로 특별한 제한이 없는 성관계, 즉 난혼(亂婚)에 기초한 상태에서 형성되었습니다. 아버지가 누구인지 확인할 수 없는 난혼 상태에서 가족은 유일하게 가족 구성원의 확인이 가능한 여성을 통해 이어질 수밖에 없었죠. 그런 점에서 모계사회는 제도화되지 않은 가족 형태라고 할 수 있을 것입니다.

하지만 부계제 사회가 성립하기 위해서는 모계적 전통이 철저하게 파괴되지 않으면 안 되었습니다. 여성을 한 남성이 배타적으로 소유하기 위한 온갖 강제 장치가 동원되었죠. 중동의 여성들에게 강제된 차도르(이슬람교도 여성들이 외출할 때 얼굴을 가리기 위하여 머리에서 어깨로 뒤집어쓰는 천)나 중국의 전족(纏足, 여자의 엄지발가락 이외의 발가락들을 어릴 때부터 헝겊으로 동여매어 자라지 못하게 한 일) 등이 그 흔적들이라 할 수 있습니다. 또한 일단 부계제가 성립되자 이에 어긋난 일체의 행위 양식에 대해서는 폭력적인 금지가 뒤따랐고요.

그렇기 때문에 제도란 본질적으로 억압과 강제에 기초하고 있다는 점에서, 저는 인간을 지배하는 제도로부터 비롯된 이 권력을 '안정' 보다는 철학의 용어로 '타율적' 이라고 규정하고 있습니다. 겔렌

제도는 안정된 권력은커녕
인간과 맞닥뜨려 있는
낯설고 위협적인 권력입니다.

제도 논쟁 117

선생은 제도가 인간이 본래적으로 가지고 있는 불안정성 때문에 개인들이 자발적으로 선택한 자율적인 형식이라고 바라보고 있는 것 같습니다. 하지만 이는 잘못된 접근입니다. 제도의 성격은 타율성에 기초하고 있습니다. 바로 앞에서 얘기했듯이 제도가 개인의 욕구를 거세하는 타율적인 성격을 지니고 출발했다는 점에서 그러하고, 더 나아가서는 제도의 적용 과정에서도 마찬가지로 타율성을 특징으로 하고 있다는 점에서도 그러합니다.

왜냐하면 제도는 형식적 등가성의 원칙이 규범으로 적용되기 때문입니다. 무슨 얘기냐고요? 제도는 모든 사람을 천편일률적으로 취급합니다. 개인의 개별적인 특징이나 욕구는 무시되고, 구성원 전체를 하나로 바라보고 일방적인 적용을 한다는 점에서 그렇다는 얘기입니다.

겔렌 | 아니, 제도가 어떻게 본질적으로 타율적이라고 단정을 하지요? 자연과의 관계만이 아니라 인간 상호간에 생길 수밖에 없는 이해관계의 충돌을 방지하는 것은 외적인 강제의 문제가 아니라 인간의 내적인 필요성 차원의 문제라고 봐야 하지 않나요? 설마 아도르노 선생이 인간 개인이나 집단들 상호간에 상이한 이해관계가 형성될 수 있다는 것 자체를 부정하는 것은 아닐 테고, 그러면 상이한 이해관계 사이의 조화를 위해 일정하게 강제적인 조치가 필요한 것을 타율적이라고 규정하기보다는 자율적인 선택으로 봐야 하지 않을까요?

또한 이렇게 했을 때에야 비로소 인간 사회는 자기 스스로 항구적인 유지가 가능한 것 아닌가요? 특히 서양에서 중세까지는 인간 사회의 조화와 자기 유지의 기능을 신(神)에게 의지했다면 근대 이후 시민혁명을 거치면서는 인간 이성의 힘에 의해 스스로 선택한 것으로 봐야 하지 않나요?

아도르노 | 겔렌 선생의 말처럼 확실히 근대시대에 계몽은 종교적 피안에서 구현될 수 있었던 '조화'와 '완성'을 지상으로 끌어내려서, 그것들을 체계라는 형식 속에서 인간적 노력이 도달해야 할 기준으로 만들었던 게 사실입니다. 그리고 저 역시 이해할 수 없는 초월적인 존재에 의지하여 자신의 운명을 조종당하게 만들어서는 안 되고, 인간 스스로 자신의 이성에 의하여 새로운 세계를 만들어내고자 한 노력은 정당하다고 생각해요.

하지만 이성의 귀결이 왜 반드시 제도여야 하는 것이죠? 오히려 인간 이성의 발현을 제도화로 한정하고자 했던 것에서 근대 이후 인간의 비극은 시작된 것이라고 봐야 합니다.

근대 초기에 이성은 종교적인 억압에서 벗어나 인간의 자유를 확장하는 의미를 갖고 출발했습니다. 하지만 곧 자유는 부자유로, 자율은 타율로 변질되어버렸습니다. 종교가 인간을 중세적인 제도 속에 가두는 역할을 했다면, 근대의 이성은 사회계약이라는 명목으로 곧바로 인간을 근대적인 제도 속에 가두는 역할을 해버렸던 것입니다. 즉 근대 시민혁명 이후 확립된 시민적 질서는 이성을 완전히 기능화시켜버렸던 것입니다. 원래 이성이 지향했던 자유와 자율을 희생시키고, 어떻게 하면 효과적으로 다수의 인간을 동원하고 통제할 수 있는가의 문제가 이성의 역할이 되어버렸습니다.

근대적인 공장제도를 한번 생각해봅시다. 그 이전까지 인간의 노동은 봉건제적인 외적 강제, 즉 신분적인 강제 속에서 착취의 대상이었습니다. 시민혁명이 그 신분적인 강제를 걷어내고 개인의 자유를 신장시킨 것은 참으로 바람직한 일이었죠. 하지만 그러한 자유도 잠시였고, 새로운 사회질서는 인간에게 공장제도에 순응할 것을 요구했습니다. 그리고 이성은 공장제도 속에서 어떻게 하면 효율적으로 노동력을 조직해낼 수 있는가의 문제에 집중했죠. 테일러 시스템이라든가 포드 시스템을 생각해보면 제가 무슨 얘기를 하고자 하는지 금방 이해가 갈 것입니다.

두 개의 시스템 모두 노동과 생산 과정에서 동작의 낭비를 없애고 단위시간 내에 최대한 많은 물건을 생산해내는 데 초점이 맞춰져 있습니다. 동작의 낭비를 없앤다는 것은 노동자 개인의 입장에서 보면 그만큼 조금의 여유도 없이 죽어라 일해야 하는 상황, 기계의 속도에 인간이 종속되는 상황일 뿐입니다.

그런데 어떻게 이를 자율적인 선택이라고 볼 수 있다는 거죠? 과연 공장제도나 테일러 시스템이 노동자들의 요구에 의해, 자율적인 선택에 의해 만들어졌나요? 오히려 반대로 노동자의 자율적인 선택은커녕 일방적으로 강제된 것이 아니었나요? 결국 중세적인 노동이 신분제도의 억압에 기초하고 있었다면 근대적인 노동은 공장제도의 억압에 기초하고 있다는 점에서, 제도의 억압적이고 타율적인 본질은 여전히 유지되고 있다고 봐야 하는 것입니다.

박쌤 | 겔렌 선생이 제기하신 것 가운데 한 가지는 아도르노 선생이 대답을 하신 것 같습니다. 즉 상이한 이해관계 사이의 조화를 위해 이루어지는 강제는 타율이라기보다는 자율적인 선택이라고 봐야 한다는 주장에 대해, 역사적인 상황과 공장제도의 예를 통하여 반박을 하셨는데요. 그렇다면 다른 하나, 인간의 삶과 사회적인 질서의 항구적인 유지를 가능케 하기 위해 강제를 받아들이는 것을 타율적인 것으로 볼 수 없다는 문제제기에 대해서도 반박이 필요하겠습니다.

아도르노 | 인간과 사회의 '자기 유지'를 위해서 제도화된 체계 혹은 제도화된 강제가 필요하다는 말을 흔히 합니다. 그런 점에서 자기 유지를 위한 능동적인 선택이라는 논리는 인간 행동에 가장 그럴듯한 원리를 제공하는 것처럼 보이곤 합니다. 그만큼 제도화된 체계는 '자기 유지'라는 원리의 지배를 받고 있는 게 사실입니다.

그런데 자기 유지라는 게 조금만 들여다보면 참으로 허구적인 요소로 가득합니다. 시장제도를 기초로 한 경제체제를 생각해보세요. 인간이 개인으로 전적으로 독립하여 살아갈 수는 없는 노릇인 것은 사실입니다. 개인이 생산한 재화를 교환해야 삶이 유지되겠죠. 그런데 또한 우리가 잊지 말아야 하는 것은, 이러한 경제체제의 자기 유지를 위해 치르고 있는 개인의 희생, 좀 더 정확히 말하자면 '자기 파괴'입니다.

자본주의적인 시장제도 아래에서 노동자들은 자신들이 상품으로 취급당하는 현실을 그놈의 '유지'라는 명목으로 감내해야만 합니다. 또한 진정한 내적 욕구를 상실당한 채 개인의 욕구와 충동이 광고와 마케팅의 대상으로 전락해버리는 현실을 감내해야만 합니다. 시장제도와 그 속에서 살아가는 인간의 자기 유지를 위하여, 자발적인 선택이라는 허울 좋은 미명 아래 자기 파괴를 하는 상황이 나타나는 것이죠. 자기 유지와 자기 파괴가 서로 분간하기 어려울 정도로 중첩되어 나타나고 있습니다. 이것은 어떻게 표현해도 본질적으로는 억압과 강제의 다른 이름에 불과한 것으로 봐야 합니다.

겔렌 | 아도르노 선생은 지나치게 한쪽 측면만을, 그것도 지나치게 부정적인 측면만을 바라보고 있군요. 선생이 시장제도를 예로 들어 말했으니 저도 마찬가지로 이를 통해 얘기를 하죠.

우리는 시장제도가 있기 때문에 자기 자신과 다른 사람을 헤아려 볼 수 있고 신뢰할 수도 있습니다. 만약 시장제도가 없다면 어떤 일이 벌어질까요? 타인과의 경제적인 관계에서 우리는 일상적인 불확실성으로 인한 고통을 받아야 합니다. 타인이 무엇을 원하는지, 그것을 언제 어떻게 서로 교환할 수 있는지가 불확실하고, 또한 과연 그 교환이 정당하게 성사될 수 있는지에 대해서도 서로 간에 불신을 가질 수밖에 없습니다. 또한 매순간 누구와 어떤 교환을 해야 하는지에 대해 결정해야 하는 부담 속에서 살아가야만 할 것입니다. 하지만 시장제도가 있음으로써 서로의 욕구와 행동을 예측할 수 있고, 또한 매순간 직접 결정해야 하는 부담을 면제시켜주는 역할을 하는 것이죠.

이렇게 제도 속에서 인간은 한편으론 공동으로 삶의 목적을 파악하고 추구하면서, 다른 한편으로는 행해야만 하는 것과 그만두어야만 하는 것을 궁극적으로 규정할 수 있고, 또한 이와 함께 내면적 삶을 안정시키는 특수한 이익을 얻게 되는 것입니다.

박쌤 │ 아도르노 선생이 나름대로 한국의 독자들을 위해 사례까지 들어가며 상세히 설명하고자 하는 노력이 고맙네요. 그런데 그러한 사례들이 논리를 전개하는 과정에서 잠깐씩 언급되는 정도에 머물고 있어, 아직도 두 분의 논의를 막연하게 여기시는 분들이 꽤 있을 것 같습니다. 그러다 보니 논의가 겉돌게 되는 면도 있고요. 아예 우리가 일상적으로 접하는 제도 가운데 하나를 골라서 이를 중심으로 집중적인 논의를 하는 게 어떨까 싶습니다.

겔렌 │ 좋죠! 저 역시 바라던 바입니다. 그런데 제도라고 하면 워낙 범위가 넓어서 어느 것을 사례로 얘기할지 선택을 해야 하는데요. 흠… 너무 거대하고 포괄적인 제도를 가지고 얘기를 하면 다시 논의가 추상화될 우려가 있으니까, 조금 좁혀서 우리 인간들이 일상생활에서 자주 그리고 직접 만날 수 있는 소재를 가지고 논의를 풀어가는 게 좋겠죠. 의료제도가 어떨까요? 주로 병원을 중심으로 의료제도가 실현되고 있으니까 이를 매개로 얘기를 해보겠습니다.

  인간은 일상적으로 질병에서 자유로울 수 없는 존재입니다. 원시사회에서는 질병에 대해서 주술적인 힘에 의존하거나 개인이 알아서 처리하는 수밖에 없었죠. 의사라는 직업이 생기면서는 사정이 조금은 더 나아졌습니다. 의사라는 직업이 생겼다는 것은 그만큼 전문화된 연구와 치료가 조금은 더 가능해졌다는 것을 의미할 테니까요.

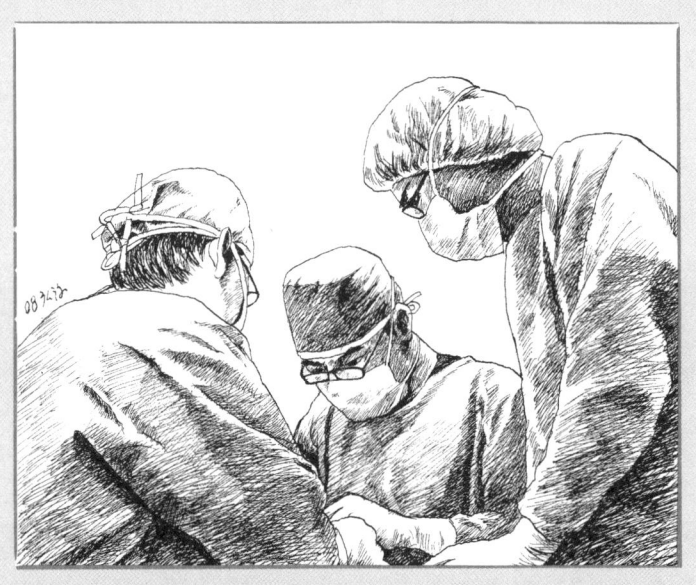

하지만 개별적인 의료 행위는 여전히 큰 한계를 지니고 있습니다. 의사 개인의 한정된 경험이나 의술에 의존해야 하고, 그만큼 우연적인 요소가 지배하는 문제가 남습니다. 병원이라는 형태로 의료제도가 형성되고서야, 즉 제도를 통해서야 비로소 인간은 체계적인 보호를 받을 수 있게 되었던 것입니다. 자, 아도르노 선생, 제 말이 맞지 않나요?

아도르노 | 겔렌 선생이 자신의 주장을 뒷받침하기에 딱 좋은 사례를 선택해서 저를 압박하고 있네요. ㅎㅎ 아무튼 좋습니다. 병원을 매개로 얘기를 해보죠.
　병원을 중심으로 한 의료제도 역시 제도가 본질적으로 가지고 있는 억압적인 성격이 드러나기는 마찬가지입니다. 의사라는 직업은 매일매일 죽어가는 사람을 다루는데, 그 때문에 의사들은 유연성을 잃어버리는 것 같습니다. 특히 대형화된 병원을 중심으로 제도화가 점점 진전되면서, 의사들은 환자보다는 병원 경영과 병원의 위계질서를 대변하는 경향이 강해지고 있죠. 그러다 보니 종종 의사는 자신이 삶과 죽음의 주재자인 것 같은 착각을 하게 됩니다. 의사가 소비자인 환자의 편이 되기보다는 대기업의 경영인처럼 되는 경향이 나타나는 것입니다.
　우리 주위의 대형 병원들을 떠올려보면 쉽게 수긍이 갈 겁니다. 한정된 시간 내에 가급적 많은 환자들을 '처리'해야 병원의 이윤이 확대되기 때문에 정신없이 많은 환자들을 진찰하고 수술도 합니다. 그러니 환자들이 느끼는 자각 증상이나 상태를 충분히 진찰하거나 환자들이 느끼는 의문에 대해서 친절하게 답해줄 시간도 없지요. 마치 병원이 대형 공장이고, 환자들은 컨베이어 벨트 위를 움직이는 제품들처럼 대규모로 처리되는 대상 취급을 받곤 합니다. 자동차를 만들거나 파는 문제라면 다르겠지만, 다루는 상품이 생명이고 소비자는 고통 받는 인간들이라 할 때, 나는 이러한 상황을 제도를 통한 보호라고 규정할 수는 없다고 생각해요. 오히려 비싼 치료비는 치료비대로 내면서도 체계화된 의료제도 아래 하나의 대상으로 획일적으로 취급당하고 있는 것이라고 봐야겠죠.

겔렌 | 그러한 문제는 의료제도가 전문화되고 체계화되는 과정에서 발생하는 부분적인 부작용이라고 봐야겠죠. 그러면 아도르노 선생은 의사라는 직업이나 체계화된 병원이 없어져야 한다고 주장하는 겁니까? 혹시 옛날의 돌팔이 의사들이 되돌아와야 한다고 말하는 것은 아니겠죠?
 부작용은 부작용 정도로 이해하고 넘어가야 합니다. 부작용을 침소봉대하여 그 자체를 부각시키려 하기보다는, 어떻게 하면 의료제도를 더 확대하고 안정화시켜서 더 많은 사람이 혜택을 받을 수 있을까에 대한 고민을 하는 게 진정한 의미에서 생산적이고 발전적인 태도가 아닐까요?

아도르노 | 부작용 정도를 가지고 왜 침소봉대하느냐고 반박을 하시는데… 문제는 그 희생이 너무 크다는 것 아니겠습니까? 배꼽은 배꼽만 해야죠. 배보다 배꼽이 더 크다면 이건 단순히 있을 수 있는 부

작용의 문제가 아니라 근본적으로 고민을 해야 하는 상황 아닌가요?

가정의(家庭醫)라는 직업은 훨씬 무해하겠지만 오늘날 가정의 제도는 점점 쇠퇴해가고 있습니다. 그렇다고 제가 의사나 병원이 아예 필요 없다고 말하는 것은 아니고요. 당연히 환자들을 아무 손도 써보지 못하고 죽게 내버려두는 것보다는 의사와 병원이 있는 것이 훨씬 바람직하다고 생각해요. 저도 무작정 비난만 하는 것은 아니니까요. 강도나 살인자의 존재는 그들을 교도소로 보내는 제도의 존재보다 훨씬 더 큰 악이지요.

또한 현실에서는 좋은 의사가 될 수 있는 기회를 가진 사람들이 많이 있다는 것도 인정할 수 있습니다. 오늘날 의사라는 직업에 부여된 한계 속에서 사람들이 도덕적으로 행동한다면 나는 그런 사람에게는 경의를 표하겠습니다. 정말 그러한 의사들이라면 아마도 제가 제기하고 있는 병원의 문제점들을 완화시키는 데 일정하게 기여할 수도 있을 것입니다. 하지만 우리는 그 반대의 경우에 대해서도 잊지 말아야 합니다. 사실은 이러한 경우가 오히려 더 일반적이지 않을까 생각하는데, 그들은 자신들이 가진 온갖 지적인 전문성과 도덕성에도 불구하고 부정적인 측면을 가중시킬 수도 있습니다. 왜냐하면 개인의 의지나 도덕성과는 무관하게 제도화된 병원체계 자체가 가지고 있는 본질적인 성격이 더 크게 작용을 하기 때문입니다.

다시 말해서 문제는, 교도소보다는 강도나 살인자가 더 큰 악이라고 해서 교도소라는 제도가 갖고 있는 문제에 대해 눈을 감아버려서는 안 된다는 것입니다. 병원이라는 체계 속에서 환자들이 처해 있는 끔찍한 상황을 좀 더 분명히 드러내고 비판해야 한다는 것입니다. 환자를 지배하고 있는 병원제도의 억압성을 우리들이 자각할 때 그나마 병원은 조금은 더 인간화될 수 있을 테니까요.

박쌤 | 일단 이 시점에서 두 분 선생의 제도에 대한 생각을 한번 매듭짓고 나서 논의를 더 진전시켜 나가는 게 좋을 것 같습니다. 상대방이 각각 비판적으로 강조하고 있는 바에 대해 두 분은 어떤 생각을 갖고 있는지 좀 더 분명한 표명이 있어야 하겠습니다.

먼저 아도르노 선생은 주로 제도의 억압적인 측면에 대해 지적하고 있고 겔렌 선생은 이에 대해 반박을 하는 과정이었는데, 그러면 겔렌 선생은 제도의 억압적 측면에 대해서는 어떻게 생각하시는지요?

겔렌 | 물론 한 개인의 측면에서 보면 제도는 인간의 자유를 속박하는 측면이 있다는 것을 저도 인정해요. 제도는 분명 모든 개인이 순수한 의미에서 자유롭게 선택하는 것은 아니죠. 제도는 개인이 태어나기 전부터 이미 존재하고 있고, 개인은 그 제도 안에 편입되어 있습니다. 그렇기 때문에 개인은 사실상 사유재산이나 결혼과 같은 제도를 개인적이거나 선택적인 차원을 넘어선 행동 양식으로 체험합니다. 제도는 그 구성원이 바뀌는 것에 관계없이 오래전부터 지금까지 존속하고 있는 것으로 개인에게 의식되며, 개인은 그런 의식을 가지고 직업이나 관청, 공장과 같은 제도 안으로 들어오는 것이죠. 인간이 함께 살아가고 함께 일하는 형식 안에서 지배가 형성되고 정신적인 교류가 이루어지는데, 이러한 형식이 결국은 그 자체로 중요

성을 지닌 제도가 되고, 이 제도가 개인에 대하여 권력을 획득하는 것으로 봐야 한다는 얘깁니다. 이렇게 제도가 일정하게 지배와 권력의 성격을 지니고 있다는 점에서는 확실히 자유를 속박하는 측면이 있겠죠.

하지만 자유가 속박되는 측면이 있다고 해서 제도의 본질적인 성격을 억압과 타율로 규정하는 것은 과도하고 위험하다는 게 제가 강조하고자 하는 얘깁니다. 우리는 순수하게 개인으로서만 존재하는 것이 아니고 사회적인 삶을 살고 있습니다. 그렇기 때문에 개인적인 측면에서 자유의 속박은 제도라는 보호 장치를 얻기 위한 불가피한 희생일 뿐이라고 봐야 합니다. 그러므로 아도르노 선생처럼 제도를 적대시하거나 파괴해야 할 대상으로 본다면 그것은 결국 인간 자신을 해치는 위험한 발상이라는 것입니다.

박쌤 | 겔렌 선생의 입장에 대해서 지나치게 보수적, 체제 옹호적 사고방식이라고 비판하는 사람들도 많은 걸로 알고 있습니다. 이에 대해서는 어떻게 생각하시는지요?

겔렌 | 저 역시 제게 그러한 비판이 제기된다는 것을 알고 있어요. 그러한 비판가들이 보기에는 체제 옹호적 사고방식일지 모르겠지만, 저의 문제의식은 더 깊이 있는 것이라고 말하고 싶습니다. 체제의 문제를 넘어서서 인간에 대한 깊이 있는 통찰에서 나온 결론이라는 점을 강조하고 싶습니다. 즉 인간의 약점을 보완해주고, 삶에서 얻게 되는 여러 가지 고통과 부담을 경감시키며, 인간의 삶을 확대

해주는 측면에서 접근할 때 저와 같은 결론에 이르게 될 것이라고 생각합니다.

박쌤 | 그럼 이번에는 아도르노 선생에게 질문을 하겠습니다. 겔렌 선생은 아도르노 선생이 제도 자체를 부정하고 있는 것이 아닌가 하는 혐의를 계속 두고 있는 것 같습니다. 실제로 어떤가요? 아도르노 선생은 제도 자체를 부정하시는 건가요?

아도르노 | 오해하지 마십시오. 저 역시 어떤 점에서는 제도를 옹호합니다. 오늘의 상황에서 우리가 당면한 문제 해결의 열쇠는 인간을 지배하는 제도라고 믿기 때문입니다. 그런 점에서 저 역시 제도 자체를 부정하지는 않지만, 겔렌 선생과 저는 서로 다른 결론에 도달하는 것 같습니다. 저는 겔렌 선생처럼 제도의 형성이나 발전 과정을 그렇게 낙관적으로 볼 수 없다고 생각하거든요.

이미 제도는 인간에게 더 이상 감당할 수 없는 커다란 짐이 되고 있기 때문에 근본적인 개혁이 시급하다고 봅니다. 인간에 의해, 인간을 위해 만들어진 제도들이 이제는 인간 위에 군림하여 그 막강한 권력을 행사함으로써 개인의 자유는 극도로 위축되고, 인간의 자유로운 발전을 저해하며, 인간이 가진 잠재력을 고갈시키고 있기 때문입니다.

사회의 과도한 성숙은 피지배 계급의 미성숙을 먹고 살죠. 사회적·경제적인 제도들이 촘촘해지면 촘촘해질수록, 마치 제도가 인간 스스로 판단하고 실행해야 할 문제들을 대신해주는 것처럼 여기게 됩니다. 거대한 착각이죠. 본질은 제도가 인간을 대신하는 것이 아니라 제도가 자신의 이해에 맞게, 좀 더 정확히 말하자면 그 제도를 지배하고 있는 지배 집단의 이해에 맞게 개인을 조종하고 있는 것인데 말입니다.

그런데 문제는 제도적 지배는 인적 지배와는 달리 지배자가 누구인지, 억압하는 자가 누구인지가 잘 보이지 않는다는 점입니다. 과거의 신분제나 절대군주제 하에서의 권력은 철저히 인격화되어 있었기 때문에 누가 억압하고 있는 것인지가 분명하게 파악되고, 그만큼 저항의 대상도 분명할 수 있었습니다. 하지만 제도적인 틀이 인적 지배를 대신하는 순간, 마치 자기 스스로가 자신을 지배하는 것과 같은 착각을 불러일으키게 된다는 말입니다. 점차 저항도 막연하게 되고요.

이 과정에서 인간의 자율적, 독자적인 사고와 행위 능력은 점점 빈곤해집니다. 그래서 저는 인간에 의해서 만들어진 제도가 더 이상 인간적인 것이 아니고 인간을 위협하는 힘이 되었기 때문에, 어떻게 하든지 이 상태를 역전시키지 않으면 안 된다고 보고 있는 것입니다.

박쌤 | 두 분의 상이한 입장은 단지 현실적으로 나타나는 제도의 기능이라든가 인간에게 미치는 영향에 대한 서로 다른 진단에서만 출발하는 것 같지는 않습니다. 지금까지의 논의 내용을 볼 때 다분히 그 저변에는 서로 다른 인간관이 자리를 잡고 있는 것 같은데요, 이에 대해 겔렌 선생은 어떤 견해를 갖고 계신가요?

겔렌 | 맞아요. 아도르노 선생과 저는 인간을 바라보는 관점 자체가 상당히 다릅니다. 저는 아리스토텔레스와 마찬가지로 인간에서 안전의 관점을 중요시하는 편입니다. 저는 인간은 본성상 위험에 처해 있고 불안정한 상태에 놓여 있는, 그러면서도 정감이 넘쳐흐르는 존재라고 생각해요. 그만큼 인간은 약합니다. 자기 완결적일 수 없는 존재이지요. 그렇기 때문에 인간이 서로를 해치는 것으로부터 보호해주는 장치가 필수적으로 요구됩니다.

제도는 이렇게 불안정한 인간이 상호간에 그리고 자기 자신을 유지하기 위해 찾아낸 형식이라고 봐야 해요. 외적으로 주어진 것이 아니라 인간 스스로의 한계에 의해 내적으로 형성된 것이죠. 그런 점에서 제도는 인간의 자연적인 본성으로부터 필연적으로 나온 것이며, 인간은 이 제도들에 의존하지 않을 수 없다는 얘깁니다. 문화라는 것도 그렇잖아요. 불안정한 인간에게 필연적으로 요구되는 상호관계의 표현물이 문화잖아요. 그러한 문화도 전체적으로 제도들의 구성물이라고 말할 수 있을 것입니다.

아도르노 | 선생은 인간의 불안정한 본성 때문에 그와 같은 불행을 운명적인 것으로 받아들이는 것 같네요. 인간을 불안정한 존재라고 낙인찍는 것은 인간을 매우 협소하게 이해하는 관점이라 할 수 있습니다. 인간은 다른 한편으로는 자기실현을 하는 존재입니다. 자기의 의지와 선택에 따라 자신의 운명을 개척해 나가는 능동적인 존재인 것입니다. 인간의 이성이라는 것이 그런 역할을 합니다. 그 이성이 인간을, 단지 상황에 수동적으로 끌려가는 것이 아니라 스스로 기획

하고 만들어 나가는 자율적 존재일 수 있게 만드는 것이죠. 그렇기 때문에 인간이 자기실현의 가능성에 따라 살아가는 것이 책임이 될 수도 있습니다.

우리 인간들이 서로를 믿지 못하고 갈등을 하면서, 제도라는 권력이 무소불위의 힘을 갖고 인간을 규제하도록 용납한 것은 스스로 비판되어야 합니다. 원래 인간을 규정하는 핵심적 요소였던 자율성을 점차 상실하고, 책임이라는 명목으로 나타나는 순응과 복종, 즉 타율성에 빠지게 된 것을 스스로 점검하고 극복해야 한다는 것입니다. 다시 말해서 이제 인간에게 잠재해 있는 자기실현의 가능성을 현실화하기 위한 노력을 해야 합니다.

겔렌 | 그렇게 인간에 대한 인식을 '이성'이라는 형이상학적 관점에 의존할 때, 인간은 참으로 막연한 존재일 수밖에 없습니다. 인간 존재는 인간 외부적인 요소, 즉 신이나 어떤 형이상학에 의해 규정되는 것이 아니라 인간의 실제적인 행위를 통해 규명되어야 합니다. 그런데 인간의 실제적인 행위는 독립적일 수 없습니다. 자기 자신을 대상으로만 이루어지는 행위라는 개념이 성립할 수 없는 것은 아니지만, 이것이 일반적인 경우는 아니죠. 대체로 인간의 행위는 타인을 전제로 합니다. 처음부터 인간의 상호관계 속에서 행위가 이루어집니다.

앞에서도 언급한 바 있듯이, 이미 원시사회 때부터 동일한 상황에 처해 있었다고 봐야 해요. 수렵과 채취를 중심으로 생활을 하던 원시사회에서 인간은 동물에 비해 여러 가지 측면에서 기능적으로 취약했죠. 이러한 상황에서 인간의 행위는 상호간의 협력에 철저히 의존하는 수밖에 없었어요. 이 협력 과정에서 도구나 언어와 같은 문화가 탄생했고, 그러한 문화의 중요한 일부가 바로 제도입니다.

그렇기 때문에 아도르노 선생이 얘기하는 자율성이라는 것은 인간에게는 한정적일 수밖에 없는 것입니다. 인간은 자율적이어야 하고 인격적이어야 하지만, 그게 결코 절대적인 의미일 수 없다는 얘기입니다. 자신이 처한 상황 속에서 인격적인 존재이고자 하는 것이 아니라, 모든 상황 속에서 언제나 자율적이고 인격적이고자 하는 사람은 필연적으로 좌절할 뿐입니다. 아도르노 선생은 그 좌절로 우리를 이끌려고 하는 것 같아요.

아도르노 | 겔렌 선생은 원시사회의 인간을 나약하기만 한 존재로 보고 있군요. 상대적인 의미에서는 그렇겠죠. 분명 온갖 과학기술의 결과물과 가공할 무기로 무장하고 있는 현대 인류에 비해 원시사회의 인간은 상대적으로 취약한 상태에 처해 있었겠죠. 하지만 그 당시의 상황만 놓고 보았을 때 인간을 정말 약자라고 보아야 할까요? 자신보다 훨씬 크고 강한 동물들을 수렵하던 인간의 본질적인 특징을 나약함과 불안정에서 찾는 게 과연 합당할까요? 오히려 인간은 이성을 통해서 그 모든 것들을 극복하고, 더 나아가서는 심지어 자연을 지배하는 위치에 올라서지 않았나요? 그 자연 지배 때문에 오히려 문제가 생길 정도로 말이에요.

백보 양보해서 원시사회에 대한 신생의 진단이 나름대로 의미가 있다고 칩시다. 그렇다 하더라도 제도와 관련해서 우리가 직접적으로 검토해야 하는 것은 현대사회의 문제여야 합니다. 제도의 발생에 대한 이해도 의미 있는 일이겠지만, 그 제도가 오늘날 어떤 모습을 보이고 있는지에 주목하는 것이 더 중요해요.

분명히 제도는 인간이 만든 것입니다. 당연히 스스로의 필요에 의해서 만들었죠. 인간의 불안정이니 뭐니 하는 근거가 아니라, 말 그대로 인간의 필요라는 측면에서 말한다면야 저도 거기에 반대할 이유가 없어요. 하지만 그렇게 인간을 위해서 인간이 만든 제도가 거꾸로 인간을 지배하고 억압하는 괴물로 변해버린 현실을 봐야 한다 이겁니다. 이 괴물을 어떻게 할 것인가, 원래 인간이 필요해서 만든 것이니까 괴물로 변했더라도 그 괴물의 얼굴을 조금 성형수술만 해서 인정해줄 것이냐 이겁니다. 아니죠. 근본적인 대책이 필요한 거죠. 제가 실천적으로 강조하고 싶은 것은 바로 이 점입니다.

겔렌 | 지금까지 말한 것에 비추어보면, 선생은 지나치게 인간 중심적이며 이상주의적입니다. 이성에 대한 지나친 신뢰와 불확실한 미래에 대한 근거 없는 낙관이 지배하고 있는 것 같아요.

아도르노 | 아니요. 저는 그렇게 이상주의적이지는 못합니다. 저는 어떤 이상보다는 다만 현실을 정확하고 솔직하게 직시하고자 할 뿐입니다. 그리고 그 현실을 사람들에게 그대로 보여주고 싶을 뿐입니다. 현실에서 인간이 처한 곤경은 제도에 의해서 지워진 부담입니다. 바로 이것이 오늘날 인류의 근원적인 문제라고 생각하고 있는 것입니다.

그런데 또 하나의 중요한 현실은, 우리 인간들이 자신에게 재앙을 가져온 바로 그 제도의 품 안으로 다시 도망치려고 한다는 점입니다. 왜 그러겠어요? 겔렌 선생이 유포하는 것처럼 마치 인간에게 현실의 제도에서 벗어날 수 있는 길이란 조금도 없으며, 만약 벗어나려고 한다면 기다리고 있는 것은 끝을 알 수 없는 낭떠러지일 뿐이라는 생각을 갖기 때문입니다. 자기 자신을 자기도 모르게 제도와 일체화시켜버린 것이죠. 그렇게 일체화시켜버리는 일을 그동안 사회화가 담당해왔던 것이고요. 이것 자체가 무서운 현실이라는 겁니다.

그렇기 때문에 저를 이상주의자로 규정하는 것은 적절하지 않습니다. 저는 반대로 지극히 현실주의자입니다. 오히려 현실의 심각한 문제를 인간의 본성이니 뭐니 하면서 회피하고자 하는 겔렌 선생이야말로 비현실적인 것 아닌가요?

박쌤 | 비교적 상세하게 제도의 본질적인 성격에 대한 논의를 했지만, 아직 미진하거나 막연한 부분이 남아 있는 것이 사실입니다. 겔렌 선생의 경우는 주장하는 바가 뚜렷한 편이어서, 이 논쟁을 관심 있게 지켜보고 계시는 분들이 비교적 쉽게 이해를 할 것 같습니다. 하지만 아도르노 선생의 경우 상대적으로 모호한 부분이 아직 있습니다. 제도에 대해 전체적으로 비판적인 입장을 견지하면서도 다른 한편으로 제도의 필요성 자체는 인정하고 있기 때문에 주장하는 바가 명확하게 드러나지 않는 면이 생기는 것 같습니다. 이에 대한 이해를 심화시키기 위해서도, 그러면 제도를 어떻게 할 것인가, 인간

은 제도에서 자유로울 수 있는가, 자유로울 수 있다면 어디까지 자유로울 수 있는가의 문제에 대한 논의로 넘어가는 게 필요할 것 같습니다.

지식 넓히기 1

제도 논쟁의 의미와 배경

인간은 온갖 제도(制度)에 둘러싸여 살고 있다. 하루의 생활을 뒤돌아보더라도 제도와 연관 없이 살아가는 시간을 찾아보기 힘들 정도로, 제도는 그물망처럼 조밀하게 인간의 거의 모든 삶의 영역에 깊숙이 파고 들어와 있다. 일상생활과 직접적인 연관성을 지니는 가족, 교육, 의료, 기업 등으로부터 좀 더 폭넓게는 사법, 행정, 교정 등에 이르기까지, 제도는 다양한 영역에서 인간의 삶에 직간접적인 영향을 미치고 있다. 제도가 인간에게 미치는 영향이 거의 절대적이라고 할 정도로 지대한 만큼, 제도란 무엇이고 이에 대해 어떤 태도를 지녀야 할 것인가에 대한 논쟁도 끝없이 이어지고 있다.

제도의 문제는 그것이 대부분 법의 형식을 지니고 있다는 점에서 법의 문제이기도 하다. 또한 제도 논쟁이 제도와 인간의 관계를 중심으로 전개되고 있다는 점에서 볼 때, 사회와 인간, 국가와 개인이 어떤 관계를 지녀야 하는가의 문제이기도 하다. 그러므로 이에 대해 어떤 태도를 지니는가에 따라 정치, 경제, 사회, 문화 등 제반 영역에 대한 인식과 대응 방식에서도 상이한 태도가 나타날 수밖에 없다. 그만큼 제도 논쟁은 인간과 사회에 대한 총체적인 이해와 맞물려 있는 중요한 논쟁이라 할 수 있을 것이다.

제도 논쟁의 정점에 서 있는 대표적인 두 인물이 겔렌과 아도르노이다. 겔렌은 제도가 인간의 본성에서 자연스럽게 나온 것으로 이해한다. 특히 불안정한 존재인 인간 스스로가 내적인 필요성에 의하여 자발적으로 만들어낸 것으로 본다. 당연히 제도에 대해 긍정적인 태도를 지니고, 능동적으로 수용하는 방식의 접근을 요구한다. 제도에 대한 비판적인 접근을 위험한 발상으로 간주한다.

이에 비해 아도르노는 비판적인 입장을 취하면서도 다소 복잡한 태도를 보여준다. 아도르노는 제도권 바깥에서 사유의 모험을 벌인 사상가는 아니지만, 제도권 안에 있으면서도 안에 있기를 거부하고 제도, 조직, 사회에 대해 비타협적인 태도를 취했다. "관리되는 세계에 의해 완전히 주조(鑄造)되지 않은 사람만이 그것에 대항할 수 있다."는 《부정변증법》의 명제에서 보듯, 아도르노는 전후(戰後)의 '관리되는 사회'에 대한 개인의 외로운 저항을 강조한다.

실제로 두 사람 사이에 전개되었던 논쟁은 막연하고 추상적인 면이 강했던 것이 사실이다. 그래서 이 책의 가상 논쟁에서는, 기존의 논쟁을 기본 맥락으로 하면서도 가급적 구체적이고 생생한 전개가 되도록 주의를 기울였다.

제도에 대한 역사적인 논의 과정

제도에 대한 일반적인 정의는 '사회의 성원 사이에서 여러 가지 생활 영역을 중심으로 한 규범이나 가치체계에 바탕을 두고 형성되는 복합적인 사회 규범의 체계'라고 할 수 있다. 즉 인간의 행동, 태도, 관념을 규율하는 각종 규범이 행위자가 지니는 목적과 내용에 따라 상호 관련지어짐으로써 일정한 형태를 갖게 된 것을 지칭한다. 좀 더 부언하자면 제도란, 인간이나 세계에 관한 지식이나 신앙, 가치, 유형화된 감정이나 태도 등과 같은 규범적 의식이 특정한 생활 영역을 중심으로 기능적으로 통합되어, 특수한 행동의 규칙을 정하고 있는 문화 형태라고 할 수 있다. 문화 형태로서의 제도는 특정 사회에 고유한 행동 규칙을 정해주며, 그것은 결국 특정 사회에서 '무엇이 적절하고도 정통적인 것인가를 정해주는' 규범의 체계라고 말할 수 있다. 즉 일정한 상황 하에서 누가, 무엇을, 어떻게 할 것인가에 대한 규범적 양식의 복합체가 제도인 것이다. 그래서 단적으로 말하면 제도는 '규범의 복합체'라고 할 수 있다. 만약 이러한 정의에 기초한다면 제도는, 인류에게 규범이라는 것이 생겨난 이래 줄곧 함께 존재해왔다고 할 수 있을 것이다.

 넓은 의미에서 규범의 복합체로서의 제도는, 형식화되고 정리되어 공권력을 수반하는 법률에서부터 형식화되지 않은 채 일상생활에서의 막연한 약속과 같은 습속이나 관습에 이르기까지 그 범위가 광범하다. 일반적으로 사회의 기본적인 제도는 권력 행사와 관련된 정치제도, 재화와 용역의 생산·분배와 관련된 경제제도, 예술·오락과 사상의 형성 및 가치 전파와 관련된 문화제도, 성(性)의 규제와 아동 보호 및 양육에 안정된 틀을 제공하고 사회 구성원을 충원시키는 기능을 갖는 가족제도 등으로 크게 구분한다. 그 외에 종교제도, 교육제도, 언어제도 등도 제도의 구분 영역에 들어간다.

하지만 제도에 대한 기본적인 개념 규정조차도 역사적으로, 또한 제도를 바라보는 입장에 따라 전혀 다르게 이해되고 있다.

원시사회에서는 주로 관습에 의한 공동체적 질서가 규범적인 역할을 담당했다. 또한 여러 측면에서 미분화된 원시사회에서는 통일된 단일 구성체계를 형성하는 경향을 가졌다. 하지만 고대국가 형성과 함께 제도는 법적인 규범과 긴밀한 관계를 가지면서 외적이고 강제적인 성격을 강화한다. 공동체적인 요소보다는 국가의 구성과 유지에 관련된 것들이 제도의 중요한 요소로 등장한다. 또한 점차 사회가 복잡해지면서 여러 하위체계의 부분 요소들이 전문적인 분화 현상을 일으키며 여러 제도로 분화하게 된다.

동서양을 막론하고 전근대사회에서는 신분제적 이데올로기가 제도를 정당화하는 기초로 작용하는 경향이 나타났다. 특히 서양의 중세사회에서는 신(神)을 중심으로 한 종교적인 위계구조를 통해 현실의 제도가 정당화되는 경향이 두드러지게 나타난다. 그 결과 전근대사회에서 제도는 신분제적 질서를 강제하는 법적·도덕적 규범의 실현으로서의 성격을 지니게 된다.

하지만 프랑스대혁명을 비롯한 근대 시민혁명 이후 제도에 대한 이해는 새로운 국면을 맞이한다. 종교적 이데올로기에 기초한 신분제 사회가 무너진 후 제도는 인간의 이성에 의해 구성되어야 할 대상으로 인식되기 시작한다. 사회 구성원 전체의 극소수에 불과한 지배층이 신분과 특권을 누리면서 국민 대다수를 지배하기 위해 쓰이던 기존 신분제 사회의 제도는 모든 사회악의 근원으로 거부되고, 새로운 제도의 구성 원리를 제기하는 움직임이 본격화된다.

이를 상징하는 대표적인 것이 사회계약론이었다. 자유로운 개인으로서의 인간이 어떻게 계약에 의해 공정하고 합리적인 사회질서를 만들 것인가를 고민하기 시작한다. 이를 통해 근대적인 정치, 경제, 사회, 문화제도가 형성된다.

하지만 이 시기에도 제도에 대해서는 상이한 해석과 규정이 나타났다. 사회계약론자들이 제도를 사회 구성원의 합의에 의해 합리적으로 구성되는 것으로 보았다면, 마르크스를 비롯하여 사회주의적 지향을 갖는 세력의 상당수는 제도를 지배 계급이 사회 구성원의 대다수를 지배하기 위해 고안해낸 지배 도구로 규정한다.

제도에 대한 비판적인 입장 내에서 분화가 일어나기도 하였다. 국가와 제도를 전면적으로 부정하고 공동체적 질서의 회복을 주장하는 무정부주의적 입장에서부터, 제도의 억압적인 측면을 인정하면서도 그 제도를 절대 다수를 차지하는 노동자 계급의 해방을 위한 도구로 전환시키고자 하는 입장에 이르기까지 다양한 견해 차이가 나타난다.

겔렌과 아도르노의 제도 논쟁 배경

현대사회의 제도는 기본적으로 근대적 제도의 연장선 위에 있다고 말할 수 있다. 사회의 변화와 함께 일정한 변화는 있었으나 기본적인 원리는 근대적인 제도에 기초하고 있다. 현대사회에서 국가의 기능이 복잡화, 세분화되면서 제도 역시 전문화, 관료화되는 경향이 두드러지게 나타나고 있다. 제도가 차지하는 비중이 높아지고 전문화, 관료화되면 될수록 제도의 성격과 기능에 대한 논란 역시 더욱 다양하게 나타났다.

대표적으로는 제도에 대한 기능론적 입장과 갈등론적 입장을 살펴볼 수 있다. 기능론적 입장에서는 제도가 인간의 기본적인 욕구와 사회가 유지, 존속되도록 사회적 요건들을 충족시켜주는 기능을 가졌다고 주장한다. 이 입장에서는 제도가 인간의 기본 욕구, 즉 의식주의 생존 욕구는 물론이고 건강하고 편안한 생활의 욕구를 충족시켜주는 기능을 하는 것으로 본다. 또한 인간을 예상치 못한 위험으로부터 보호하고 정서적·감정적 안정과 함께 협동과 사회적 참여의 기술을 전수하는 역할을 한다고 본다. 더 나아가서 기능론적 입장에서는 제도를 통한 사회질서의 유지가 중요한데, 제도가 구성원의 사회화, 규범체계와 제재, 법의 집행, 다른 집단의 위협으로부터의 보호와 내적 갈등의 해결을 통한 사회 통합, 구성원의 사기 진작, 문화적 유형의 유지와 존속, 사회적 긴장 관리, 가치 지향 제공 등을 담당한다고 주장한다.

하지만 갈등론적 입장에서는 전혀 다른 접근을 한다. 이들은 지배 계급, 기득권층의 특권을 유지하기 위한 도구로서의 제도가 갖는 역할에 주목한다. 제도를 통제하는 위치에 있는 엘리트들이 자신들의 특권과 권력과 부를 유지하기 위하여 제도들을 마음대로 조작한다는 것이다. 제도의 사회질서 유지 측면보다는 개인의 자유를 규제하고 억압하는 성격을 강조하는 것이다.

어느 입장에서 바라보든 제도는 우리의 삶에 매우 중요한 역할을 한다는 점은 분명하다. 왜냐하면 제도는 우리의 사고방식과 행동에 아주 폭넓고 깊숙하게 직접적인 영향을 미치기 때문이다. 특히 현대 사회에서는 행정부의 기능이 비대화되면서 정치적·경제적인 영역뿐만 아니라 개인 생활의 내밀한 부분에 이르기까지, 모세혈관처럼 제도가 관여하지 않는 부분이 없을 정도로 그 영역이 확장되어 있기 때문에 더욱더 중요하다.

그렇기 때문에 제도를 둘러싼 논쟁은 최근에 이르기까지 끊임없이 이어지고 있다. 근대 시민혁명 이후 인간 이성의 역할이 절대화되면서 나타난 이성중심주의가 제도를 규정하는 가장 중요한 기초로 작용하고 있기 때문에, 제도 논쟁은 이성이나 계몽적 사고에 대한 태도의 문제로까지 확장되고 있다.

현실의 제도에 대한 대안적인 모색에 있어서도 다양한 갈래가 나타난다. 한편으로는 제도를 사회와 인간을 안정시키는 가장 중요한

요소로 보고, 나타나는 문제점에 대해서는 부분적인 보완 정도에서 대안을 제시한다. 반면 다른 한편에서는 이성과 제도의 역할 자체에 대한 부정적인 입장에 근거하여 탈이성화, 탈제도화를 대안적인 방향으로 제시하기도 한다. 또 다른 한편으로는 이를 절충하고자 하는 다양한 시도도 이어지고 있다.

결국 제도에 대해 어떤 태도를 지니는가는 인간과 사회에 대한 태도, 즉 세계관과 직결될 수밖에 없는 논쟁이라 할 수 있다. 그만큼 다양한 측면에서 심층적인 검토가 불가피하다.

인간은 제도에서 자유로울 수 있는가?

박쌤 | 이번에는 제도의 변화 문제, 즉 그러면 제도를 어떻게 할 것인가에 대해 논의를 하도록 하겠습니다. 앞에서는 제도의 본질이란 무엇인가를 중심으로 치열한 논쟁을 했는데요, 논의가 실천적이기 위해서는 그래서 어떻게 하자는 것이냐의 문제와 연결되어야 할 것 같아서요.

일반적으로 겔렌 선생과 같이 사회 통합을 강조하는 이론들은 제도를 통한 조화를 중요하게 여기고 있습니다. 제도를 통한 사회화를, 개인이 기존 생활양식이나 사회적 규범 및 가치를 습득함으로써 성숙한 인간이 되어 사회에 잘 적응해가는 과정, 또는 사회가 문화의 전승 및 교육을 통해 개인을 사회질서에 잘 통합시켜가는 과정으로 규정하곤 합니다. 반대로 제도에 대한 부정적인 태도에 대해서는 사회질서를 어지럽히고 사회 통합을 깨뜨리는 행위로, 즉 일종의 '일탈'로 규정합니다. 이 견해에 따르면 제도에서 벗어나는 것은 사회화의 실패를 의미하겠죠. 사회의 보편적 규범을 개인이 충분히 내면화시키지 못한 것이 되겠고요.

하지만 앞에서도 아도르노 선생이 지속적으로 강조한 바와 같이, 제도가 인간을 억압하는 측면도 완전히 무시할 수 없는 것이 현실입니다. 그래서 역사적으로 제도는 동일한 모습을 지니는 것이 아니라 변화의 과정을 겪어왔습니다. 이와 관련하여 먼저 제도의 변화 문제에 대해 겔렌 선생의 의견을 듣고 싶은데요, 겔렌 선생은 제도의 변화 가능성 자체에 대해 부정적인 입장을 갖고 계신가요?

겔렌 | 제도의 변화 가능성 자체를 부정하지는 않죠. 아무려면 제가 인간 사회가 만들어진 이후 제도가 한 번도 변한 적이 없다고 주장하겠습니까? 그렇게 주장한다면 역사에 대한 기본적인 이해도 없는 것일 테고요.

가족, 법, 결혼, 사유재산 등과 같은 인간의 근본적인 제도나 경제제도는 역사상 다양한 모습으로 변화되어왔습니다. 역사적인 상황에 영향을 받으면서 일정한 변화의 과정을 겪어왔던 것이라고 할 수 있습니다. 지금 이 순간에도 변화는 계속되고 있을 테고요. 그리고 앞으로도 아마 계속 바뀌겠지요.

아도르노 | 단순히 변화해왔고 앞으로도 변화는 있을 것이라는 인식

만으로는 부족합니다. 제도의 변화와 관련하여 좀 더 근본적인 문제에 대한 선생의 입장 표명이 분명하게 이루어져야 할 것 같습니다. 제도라는 것이 인간에게 본래적인 것이냐, 아니면 역사적 발전의 산물이냐에 대한 기본적인 입장에 근거해야지요. 그리고 이에 따라서 변화 문제에 대해 분명한 태도가 나와야 하고요.

저는 당연히 제도란 역사적 발전의 산물에 불과하다고 생각해요. 특히 당시 사회를 지배하던 지배 계급 혹은 강자의 이해를 대변하기 위해 만들어진 장치라는 성격이 강하죠. 그렇기 때문에 저는 부분적인 변화라든가, 시대의 변화에 맞춰 제도를 조정하는 것과 같은 식의 변화로는 문제를 해결할 수 없다고 생각합니다. 제도와 관련하여 좀 더 근본적인 변화의 가능성을 제시할 필요가 있습니다.

두 가지로 변화의 큰 방향을 설정할 수 있을 것입니다. 하나는 제도 자체의 변화입니다. 인간을 억압하는 괴물로 변해버린 제도를 인간화하는 것입니다. 인간은 오늘날 기계장치의 한 부속품이지 자신을 지배하는 주체가 아닙니다. 제가 원하는 것은 인간이 더 이상 쓸모없는 부속품이 되지 않도록 세계가 이루어지고, 인간을 위해서 제도가 존재하는 것, 다시 말해 인간이 만든 제도를 위해 인간이 존재하지 않도록 하는 것입니다. 제도가 인간 본성을 반영하고 있다는 말만으로는 별로 위안이 되지 않습니다. 이것이 어느 정도나 가능할지는 저도 확신이 서는 것은 아니지만, 최대한 인간의 얼굴을 한 제도로 바꾸어 나가려는 노력 자체는 의미가 있다는 생각입니다.

다른 하나는 인간의 모든 사고와 행동을 제도로 옮아매려는 시도에서 벗어나는 것입니다. 우리 스스로가 제도 안에서만 모든 것을 해결할 수 있다는 강요된 상식에서 벗어나는 것입니다. 그리하여 개별성이 발휘될 수 있는 영역을 능동적으로 찾는 것입니다.

겔렌 | 아도르노 선생은 제도의 갑작스럽고 전면적인 변화, 어떤 영역에서는 제도로부터의 탈피를 주장하고 계시는 것 같습니다. 하지만 이러한 변화가 개별 인간에게 얼마나 심각한 악영향을 미치는가에 대해서는 잘 모르고 있는 게 아닌가 걱정이 됩니다.

　내 생각은 상당히 다릅니다. 지난 한 세기만 보더라도 정치, 사회적으로 큰 변화가 있었죠. 그동안 많은 제도가 무너지고 없어졌습니다. 그 결과는 인간의 전반적인 내적 불안정입니다. 내적인 동요지요. 이 사실은 이제 명백하고 공개적인 것이 되었어요.

　예를 들어 혁명의 시기에 국가나 사회적인 영역에서 제도가 파괴되거나 동요를 일으킬 때 그 결과는 심각합니다. 이런 동요는 사람들의 인격을 불안정하게 할 뿐만 아니라 마음속 깊숙이 파고들어 영향을 미칩니다. 제도와 긴밀하게 결합되어 있는 도덕적 규범이 뿌리에서부터 흔들려버리지요. 이러한 상황은 사람들에게 즉흥적인 행동이나 무리한 결정을 강요하게 됩니다. 전반적인 불확실성이 사회와 인간을 지배하게 되는 것이죠. 불확실성은 사람들에게 불안, 걱정 또는 신경질적인 증상을 만들어내고요.

　때문에 저의 주장은 제도의 변화를 인정하되, 완만하고 발전적인 변화에 한정해야 한다는 것입니다. 인간은 제도를 어느 정도 개선할 수는 있지만 새로 시작할 수는 없다는 것이지요. 현실에 존재하는 제도에 문제가 있다면 그 문제점을 보완할 수 있는 방법을 찾아야 합니다. 문제가 있다고 해서 새로운 제도로 대체하거나 아예 제도에서 벗어나려는 것은 매우 위험한 발상이지요. 우리는 제도 안으로 들어가지 않으면 안 되고, 그 대가로 상당히 많은 제약을 감수하지 않으면 안 됩니다.

아도르노 | 왜 반대로 생각해보진 않으시나요? 겔렌 선생은 줄기차게 제도가 약화될 때 생겨나는 인간의 내적 불안정에 대해 이야기하는데요, 마치 내적 불안정이라는 게 무슨 만병통치약이나 되는 것처럼 말입니다. 하지만 그게 오히려 선생의 논리를 취약하게 만드는 것일 수도 있다는 점을 알아야 할 것 같네요. 반대로 제도에 의해 인간의 심각한 내적 불안정성이 나타날 수도 있는 것 아닌가요?

제도는 자신의 원칙과 규율을 보편적으로 적용하려는 경향을 가지고 있잖아요. 개인이나 상황이 갖는 특수한 성질이나 사정들을 무시하고 일괄적으로 적용하려 하죠. 그 결과 점차 개인적인 이해관계에서 멀어지게 되고요. 개인들의 삶을 안정적으로 유지한다는 명목으로 강제되는 이러한 보편성은 동시에 삶을 점점 더 위험스러운 수준에서 위협하기도 합니다. 그런 점에서 '보편성의 폭력'이라고 해도 무리한 규정이 아닐 것입니다.

제가 더 위험스럽다고 하는 것은, 사람들이 법이나 제도가 갖는 보편적 적용의 원칙에 길들여진다는 점 때문입니다. 이렇게 제도적인 인간으로 길들여지게 되면 제도와 무관하게 개별성이 인정될 수 있는 영역에서조차 보편의 강압 아래 반응하기 시작합니다. 일종의 자기 검열이 이루어지는 것이죠. 자신의 욕구나 희망, 개성과는 무관하게 개인은 전체나 다수, 혹은 국가의 이름에 주눅이 들어 스스로 사고와 행동을 제약하는 상태에 이르게 됩니다. 인간에게 이것만큼 심각한 내적 불안정이 어디 있겠습니까?

예를 들어 제도가 개개인의 욕구나 감정을 억압함으로써 스트레스로 인한 불안, 신경증 등 정신적 병리 현상들이 나타날 수 있으며, 자유의지를 제한함으로써 개성의 발달이 저해될 수도 있습니다. 어린아이들의 호기심, 발명가들의 비현실적인 생각이나 실험들, 예술가들의 전위적인 작업들과 같이 일상적이지 않은 일탈적 사고나 행동들은 신선하고 새로운 아이디어를 낳을 수 있고, 또 사회적으로 유용한 결과를 가져다줄 수 있잖아요.

그런데 제도가 보편성이라는 이름으로 행사하는 폭력 앞에 일탈을 봉쇄당했을 때 인간과 사회는 질식하게 됩니다. 다시 말해서 제도가 정한 바에 따라 산다고 해서 인간이 내적 안정을 만드는 것은 아니라는 얘깁니다. 오히려 개별성이 발휘될 수 있는 가능성이 사라지거나 줄어들 때 인간은 불만족을 느끼게 되고, 외적인 강제와 내적인 불만족 사이에서 갈등과 불안정이 자라나게 된다는 것입니다.

박쌤 | 확실히 제도와 인간의 내적 불안정의 관계는 바라보는 입장에 따라 정반대의 접근이 가능할 것 같습니다. 그만큼 인간의 내면 문제는 한편으로는 복잡하고 다른 한편으로는 추상적인 면이 있으니까요. 무엇을 불안정이라고 볼 것인가에 대해서조차 다른 견해가 나올 수 있으니, 그 불안정이 어디에서 비롯되는가는 당연히 또 다른 진단이 제기될 수 있을 것 같습니다.

그런 점을 고려하여 이번에는 겔렌 선생이 좀 다른 측면에서 설명을 해주시면 어떨까 싶은데요. 제도에 대한 근본적인 변화를 반대하는 이유를 다른 각도에서 찾는다면 또 어떤 것이 있을까요?

겔렌 | 좋습니다. 오늘 논쟁의 전반부에 얘기한 '부담면제' 기능도 이와 관련이 있죠. 아도르노 선생처럼 제도에 대한 근본적인 변화를 추구하면 개개인들은 매순간 무언가를 결정해야 하는 상황을 맞이하게 됩니다. 제도 아래에서는 자명한 것으로 알고 있던 것들에 대해서 고민을 하고, 선택을 위한 갈등을 해야 하죠. 또 그러한 선택을 실현시키기 위한 정신적·물질적 노력을 각자가 경주해야만 합니다. 이것은 일종의 중복 투자 상태, 즉 낭비라고 할 수 있습니다.

제도가 동요된 결과 인간 속에서 일어나는 붕괴 현상은 스스로를 원시 상태로 퇴화시켜버리는 것입니다. 제도의 형성 과정은 인간의 오랜 역사적 경험 속에서 공적인 영역이든 사적인 영역이든 가장 바람직한 선택의 기준을 마련해온 과정인데, 아도르노 선생의 발상은 이를 파괴함으로써 모든 것을 처음부터 다시 시작하게 만드는 것이죠. 이때 인간들이 처한 상황은 마치 귀머거리가 무엇을 이해하려고 애쓰는 긴장된 노력처럼 사람을 당황하게 만들고 또한 불필요한 실수를 저지르게 합니다.

발전은 과거로부터 누적적으로 이루어지는 것이어야 합니다. 변화 역시 필요하다면 과거의 것에 새로운 것을 보태는 과정이어야 합니다. 특히 그것이 인간과 직접 연관된 것이라면 더욱 주의해야 합니다. 제도가 유지되기 위해 불가피하게 생기는 작은 부작용을 제거하다가 인간을 더 큰 위험에 빠뜨리는 잘못을 범해서는 안 됩니다. 그런 점에서 제도를 새로 시작하거나 벗어나려는 시도는 위험하다는 점을 강조하고 있는 것입니다.

아도르노 | 왜 제도를 새로 시작할 수는 없죠? 선생은 앞날의 불투명성, 불확실성이라는 협박을 통해 오늘의 억압적인 질서를 어쩔 수 없는 것으로, 인내하고 감당해야 할 것으로 요구하고 있는 것 같습니다. 흔히 권위주의 통치를 유지하고자 하는 집단의 논리처럼 말입니다. 권위주의적인 통치자들은 만약 자신이 권력에서 밀려날 때 뒤에는 아마 더 몹쓸 권력자가 올지도 모른다면서 현실을 인정하도록 강제하곤 합니다. 물론 그럴 수도 있습니다. 과거의 제도가 문제가 있다고 해서 이를 거부하거나 새로운 모색을 하고자 할 때 이 과정에서 혼란이 생길 수 있습니다. 하지만 혼란이 무서워서 부정의를 선택하기보다는, 부정의를 극복할 수 있는 혼란을 선택하는 것이 더 나은 것 아닌가요?

그리고 모든 새로운 시작은 원래 앞날의 불확실성과 위험을 동반하는 것 아닌가요? 동양에는 '백척간두진일보(百尺竿頭進一步)'라는 말이 있습니다. 100척이나 되는 높은 대나무의 끝에 간신히 서 있는 사람에게 한 발 더 나아가라는 의미입니다. 두려움을 무릅쓰고 한 걸음을 내디딜 때 비로소 살 길이 열린다는 뜻이지요. 반대로 혼란이나 불안정이 두려워 현실에 주저앉는 사람은 백척간두 위의 위태로움을 운명처럼 안고 살아가야 하겠죠.

루쉰의 말대로 "길이란 본디 있는 것이 아니었지만 사람들이 다

님으로써 생겨난 것"이라고 봐야 합니다. 처음에 한 사람이 발을 내디딜 때는 아직 길이 아니겠지만, 점차 사람들이 그곳을 걸음으로써 길이 만들어지는 것이죠. 역사의 수많은 진전이 이 과정에서 이루어진 것 아니었던가요?

또한 제도를 인간화하기 위한 근본적인 노력과 별도로, 모든 경우에 제도적인 영역 안에서만 인간이 살아갈 수 있다는 잘못된 상식을 깨는 것도 필요합니다. 현실에서 아웃사이더는 제도 안에 있지 않다는 이유만으로, 죄를 짓지 않았음에도 불구하고 범죄자 취급을 받습니다. 아웃사이더로 낙인이 찍히는 순간 정상적인 삶을 영위하기가 어려워지기 때문에, 사람들은 파멸당하지 않기 위해서 제도가 정한 틀 내에서 경솔하지 않게 처신해야만 하는 상황입니다. 이렇게 개인이 제도에 대해 무저항 상태에 이를 때 사회는 그를 신뢰할 만한 사회 구성원으로 인정합니다. 개인의 반항을 질식시킨 다음 백기를 든 개인들에게 항구적인 자비를 베푸는 통합의 기적은 바로 파시즘의 논리와 다를 바 없습니다. 제도는 불가피한 범위 내에서만 인간에게 요구되어야 합니다. 그렇지 않은 부분에서는 얼마든지 자유로운 개인으로서 살아가는 것이 용인되어야 합니다.

박쌤 | 아도르노 선생의 주장은 어느 정도 푸코의 논의와 연관이 있는 것 같습니다. 푸코는 사회가 제도라는 틀을 통해 개인을 감금하고 있다고 봅니다. 이를 '징계사회'라고 표현하던데요, 그가 보기에 사회에서 개인은 제도적인 규칙에 의해 강제되는 하나의 닫힌 공간에서 다른 또 하나의 닫힌 공간으로 끊임없이 전전하게 된다는 것입

니다. 처음에는 가족이라는 제도의 틀에서 학교로, 군대로, 직장으로, 병원으로… 하나의 제도에서 또 다른 제도의 틀로 끊임없이 이어진다고 주장합니다.

특히 푸코는 《성의 역사》에서, 개인을 규율에 옭아매는 각각의 제도적인 틀을 권력으로 이해하고 있습니다. 우리는 흔히 권력이라고 하면 국가권력을 떠올리지만, 사실 권력은 도처에 있다는 것입니다. 앞에서 말한 가정, 학교, 군대, 직장 등 이 모든 것이 각각 권력이라는 주장입니다. 생산기구, 가족, 제한된 집단, 제도 안에서 다양하게 형성되고 작용한다는 점에서, 권력은 매순간 모든 상황에서, 도처에서 발생하고 있는 것이죠.

그는 국가권력에 대비되는 의미에서 이러한 권력을 '미시권력'이라고 부르기도 합니다. 이 논리에 따르면 권력을 국가권력으로만 이해하던 시기에는 사회를 변화시킨다는 것이 국가권력의 교체나 개조로 이해됐지만, 이제는 우리들 개인을 촘촘하게 둘러싸고 있는 일상의 제도에 대한 근본적인 변화가 중요한 관심의 대상이 됩니다.

아도르노 선생의 논리가 푸코의 문제의식과 적지 않게 맞닿아 있는 것 같은데요, 겔렌 선생은 제도에 도사리고 있는 권력의 속성에 대해서는 어떻게 생각하시는지요?

겔렌 | 푸코나 아도르노 선생의 주장은 상당 부분 무정부주의적인 요소가 있는 것 같아요. 물론 아도르노 선생이 전형적인 의미의 무정부주의와 동일하다고 규정하는 것은 아닙니다. 어쨌든 아도르노 선생이 제도 자체를 거부하는 건 아니라고 했으니 말입니다. 하지만

제도적인 규칙을 인간의 내적인 필요에 의해 생겨난 자연스러운 것으로 보지 않고 외적인 억압으로 바라본다는 점에서 다분히 무정부주의적인 요소를 지니고 있다고 말할 수 있을 것 같군요.

저는 아도르노 선생이나 푸코에게 막스 베버의 다음과 같은 말을 상기시켜주고 싶습니다. 《지배의 사회학》에서 그는 "개인에게 있어서 일체의 국가와 권력은 절대 악이라고 보고 그 모두를 일거에 파괴할 것을 주장하는 아나키즘의 소박한 생각은, 인간이란 문서와 관계없이 자신의 몸에 배인 규범과 규칙을 유지하려 든다는 사실을 간과하고 있다."라고 말했죠. 제도적인 규칙이나 권력은 악이 아닙니다. 개인으로 존재할 수 없는 인간, 개인으로 살아갈 때 불가피하게 마주치게 되는 위험으로부터 벗어나려는 인간의 내적 필요에 의해 만들어진 것이 제도적 규칙이고 권력이라는 점에서 말입니다. 그러므로 제도는 유지와 보완의 대상이지 변혁과 일탈의 대상이어서는 안 됩니다.

박쌤 | 지금까지는 제도의 변화, 인간이 제도에서 얼마나 자유로울 수 있는지에 대한 기본적인 입장을 두 분의 논쟁을 통해 확인할 수 있었습니다. 하지만 여전히 모호한 점이 있고 어렵기도 합니다. 이제는 한국의 독자를 위해서 어떻게 하자는 것인지 좀 더 구체적인 논의를 했으면 합니다. 역시 구체적인 사례를 들어 논쟁하는 것이 가장 좋겠죠?

좀 전에 푸코의 예를 드는 과정에서, 개인이 일상적인 삶에서 가장 빈번하게 접하게 되는 제도의 사례가 나왔었죠. 가정, 학교, 군대, 직장 등이 여기에 해당됩니다. 실제로 대부분의 사람들은 가족을 통해 태어나고 또한 결혼을 통해 스스로 가족을 구성한다는 점에서 가족제도 속에서 살아갑니다. 또한 유치원에서 대학까지를 생각하면 거의 20년 가까이를 학교라는 교육제도의 틀 안에서 살아갑니다. 그리고 60세가 되어 정년퇴직을 할 때까지 직장 생활을 해야 합니다. 아마 이 가운데 우리에게 가장 밀접한 것은 가족제도가 아닐까 싶은데요, 겔렌 선생이 말하는 바람직한 제도의 변화를 가족제도를 매개로 한다면 어떻게 설명하는 것이 가능할까요?

겔렌 | 가족제도는 당연히 사회의 안정과 균형을 유지하는 기능을 한다고 봐야 합니다. 따라서 가족은 영구적인 사회제도로서, 기존의 사회체제를 안정시키고 유지시키는 데 필요한 가치관을 자녀에게 내면화시키는 사회화의 기능과 긴장 관리 기능을 갖는다고 생각해요.

가족제도도 사회의 변화를 반영하면서 일정한 수정이 있어왔습니다. 과거 전통사회의 대가족제도는 농업사회와 신분제사회라는 특징적 요소를 반영하고 있었습니다. 특히 농업사회에서 농사는 노동집약적인 요소가 아주 강했기 때문에 많은 노동력이 필요했고, 대가족제도는 이에 적합한 가족제도의 모델이었습니다. 그러다 현대사회로 오면서 핵가족으로의 변화가 일어난 것은 당연하고도 바람직하다고 생각해요. 산업화가 진척됨에 따라 가족은 경제 생산 단위로서의 비중은 점차 줄어드는 반면 자녀 출산과 양육, 그리고 사회화의 기능에 초점이 맞추어지게 된 것이죠.

그런 점에서 한번 만들어진 제도가 영원히 변하지 말아야 한다는

것은 아닙니다. 하지만 가족제도의 본질적인 성격은 예나 지금이나 변함없이 이어지고 있다고 생각해요. 사회의 안정과 균형을 유지하는 성격은 그대로인 거죠. 다만 시대의 변화에 따라 특정한 구체적인 역할에서의 변화는 가능하다는 것입니다. 즉 가족제도에 대한 부분적인 개선 정도가 우리에게 허용되어 있다는 것입니다.

아도르노 | 흔히들 겔렌 선생처럼 얘기하곤 합니다. 가족은 항상 편안한 안식처이고, 사랑의 공동체이며, 가족 구성원 간의 기쁨과 즐거움을 공유하는 공간으로 이해하죠. 그러나 이상적인 가족에 대한 기대와는 달리 가족 내의 구체적인 삶을 자세히 들여다보면, 그 안에는 많은 갈등과 억압과 긴장이 잠재해 있습니다. 가족 구성원 각자의 개성이 존중되기보다는 아내는 남편에게, 자녀는 부모에게 복종

할 것이 요구되며, 성과 연령에 따른 불평등한 책임과 의무가 강요됩니다.

겔렌 선생은 대가족제도에서 핵가족제도로 변화하는 과정에서 부분적인 역할만 변하고 균형과 조화라는 본질적인 성격은 변화가 없다고 했는데, 진정으로 변화가 없었던 것은 가부장제적인 억압이라는 본질적인 성격이 그대로 유지되고 있다는 점입니다.

특히 가부장제적 지배와 억압이 이루어지는 중요한 통로는 성별 분업입니다. 바깥일과 집안일을 분리하고 직장 노동과 가사 노동을 분리함으로써 여성을 집안일을 책임지는 사람으로 규정합니다. 그런 점에서 엥겔스가 《가족, 사유재산, 국가의 기원》에서 지적한 것은 여전히 타당한 면이 있다고 봅니다. 엥겔스는 역사적으로 남성이 생산수단을 소유함으로써 "집 안에서 여자에게 지금까지의 권한을 보장했던 원인, 즉 여자가 집 안 노동에만 종사하고 있었다는 그 원인이 이제는 집 안에서 남자의 지배를 보장했다. 다시 말해서 이제 여자의 집 안 노동은 남자의 생산노동 앞에서 퇴색되어버렸다. 그리하여 남자는 전부가 되었고, 여자는 초라한 부속물이 되었다."라고 했죠.

물론 최근으로 올수록 여성들은 취업이나 경제 활동에 더 적극적인 의사를 보이고 있으며, 사회 각 분야에서 다양한 활동에 참여하고 있습니다. 그럼에도 불구하고 여성의 역할을 제한하고 여성에 대해 불평등한 대우를 조장하는 전통적인 성별 분업의 논리는 남성의 기득권을 보호하면서 여성들의 자유로운 활동을 가로막는 성차별적 이데올로기로서 기능하고 있습니다.

아니, 이걸 그대로 두고 부분적인 역할 정도에서의 변화만 인정하자는 겁니까? 그런 식의 변화는 변화가 아니죠. 일종의 방치라고 봐야 합니다. 겔렌 선생의 태도는 집 기둥이 썩어 들어가 흔들거리고 있는 상황에서 창문틀을 보수하자고 하는 것과 다름이 없습니다. 가족제도에 대한 근본적인 검토와 변화가 필요합니다.

박쌤 | 하지만 아도르노 선생의 주장은 여전히 막연합니다. 그래서 어떻게 하자는 것이죠? 결혼이나 가족제도 자체에 대해 근본적인 검토가 필요하다는 인식은 사실 새로울 게 없습니다. 보부아르도 《제2의 성》에서 "사회가 전통적으로 여성에게 강요하는 것은 결혼이다. 오늘날 대부분의 여성이 결혼해 있거나, 과거에 결혼했거나, 앞으로 결혼할 준비를 하고 있거나, 혹은 결혼하지 못해 고심하고 있다. 아무리 독신녀가 이런 결혼제도에 실망했거나, 반항하고 있거나, 아니면 냉담하거나 간에 그 독신녀라는 것에 대한 정의도 결혼과 관련되어 있다. 따라서 이 문제에 대한 깊이 있는 연구를 위해서는 결혼 자체에 대한 분석이 필요하다."고 했죠.

문제는 아도르노 선생이 제시하고자 하는 대안이 무엇인가 하는 것입니다. 그런데 선생은 가족제도를 기본적으로 부정하지는 않는다고 하면서도, 또 지금 하시는 말씀을 듣다 보면 가족제도에서 벗어나야 한다는 식의 얘기로도 들리고… 좀 더 분명하고 구체적으로 제시해주셨으면 합니다.

아도르노 | 결혼이나 가족제도가 여성의 자유를 가로막는 억압적인

성격을 갖고 있다는 인식에서 출발해야 대안의 모색도 가능하다는 것입니다. 보부아르의 대안은 무엇이었나요? 제도화된 결혼이나 가족을 넘어서 '계약부부'라는 새로운 시도를 했잖아요. 그렇다고 제가 계약부부 방식이 유일한 대안이라고 말하는 것은 아닙니다.

먼저 제도 그 자체는 인정하면서도 제도적 틀에 구속되지 않는다는, 어떻게 보면 모순적으로 보이는 저의 주장에 대해 구체적인 해명을 하겠습니다. 저 역시 기존의 가족제도 내에서 억압적인 요소를 개선하고자 하는 노력은 그것대로 일정한 의미를 지니고 있다고 생각해요. 예를 들어 여성들이 취업이나 경제 활동에 더 적극적인 참여가 가능하도록 하는 것, 이를 위해 여성의 육아휴직과 함께 남성의 육아휴직을 병행함으로써 남녀가 공히 육아 문제에 대한 책임을 갖도록 하는 것 등은 의미 있는 변화라고 할 수 있죠. 또한 가사 노동에서도 남녀가 평등한 관계를 형성하려는 노력이 필요하겠죠.

하지만 그렇다고 해서 결혼이나 가족제도가 개인에게 행사하는 억압적인 본질이 사라지는 것은 아닙니다. 다만 조금 완화될 뿐이죠. 한 명의 남성과 한 명의 여성이 법적인 혼인을 통해 구성하는 일부일처제만을 유일하게 정상적인 가족으로 인정하고 이를 사회적으로 강제하는 순간, 억압은 필연적으로 생겨나게 됩니다. 나머지 개인들의 다양한 선택은 제도에 의해 비정상적인 행위로, 아웃사이더로 취급받게 됩니다. 예를 들어 남녀 간의 가족만을 가족으로 인정하게 되면 동성애는 차별과 억압의 대상이 되어버리잖아요.

이미 현실에서 변화는 일어나고 있습니다. 20세기 후반을 지나면서 전통적인 가족제도는 그 영향력을 점차 상실하고 있습니다. 부권제에 기초한 일부일처제 가족 형태가 위기를 맞이하고 있는 것이죠. 영국의 경우 전체 가구의 4분의 1 이하만이 전통적인 일부일처 형식의 법적 혼인으로 이루어진 가족 유형을 취하고 있거든요. 프랑스의 경우는 일찍이 사르트르와 보부아르가 시도한 뒤 급증하기 시작한 계약결혼 가족이 전체 가정의 10%를 차지하고 있습니다. 30세 이하 커플의 50%가 '법적 관계' 없이 살고 있으며, 전체 신생아의 36%가 혼인 외 출산입니다. 서로를 구속하게 되는 공동생활을 거부하며 이웃에 거주하는 가족 형태인 '별거가족(LAT족, living apart together)'도 갈수록 급증하고 있고요. 남성이나 여성이 아이와 가족을 형성하는 한부모 가족 수도 약 1,700만에 이르는데, 이는 아이가 있는 가구의 16%에 해당합니다. 비공식 통계로 최대 1만 5천여 가구, 15만여 명이 일부다처제 가족인 것으로 파악되고 있고, 독신자도 늘어서 프랑스 성인 여섯 명 가운데 한 명이 독신에 해당합니다. 이미 가부장제를 특징으로 하는 법적인 일부일처제 가족이 지배적인 가족 형태라고 말하기조차 어려워진 상황인 것입니다.

    결론적으로 저의 대안은 가부장제 가족제도의 억압성에서 벗어나기 위해 다양한 가족 형태의 공존을 인정하자는 것입니다. 기존의 가족제도 내에서 살면서 나름대로 개선하려는 노력은 그것대로 인정할 수 있지만, 마찬가지로 기존의 가족제도에서 벗어나 제도화되지 않은 가족의 모색, 즉 다양한 가족 형태를 추구하는 것도 인정하자는 것입니다. 사랑이나 사적인 인간관계의 영역에 국가가 제도라는 수단을 가지고 획일적으로 간섭하고 강제하는 것은 곤란하다는 것입니다.

젤렌 | 선생은 마치 가족이 개인들만의 영역인 것처럼 여기고 있군요. 인간의 사회조직은 가족에서 시작하여 발전해왔습니다. 그리고 일부일처제에 입각한 가족은 인간의 본래적인 감정이나 요소로부터 나온 것이고요. 개별 가족이 모든 인간관계의 시작입니다. 자식이 성장하여 별도의 개별 가족을 형성한 후에는 부모의 자식에 대한 사랑이 확대된 가족적 유대를 형성하죠. 그리하여 씨족, 부족, 더 나아가서는 사회나 국가가 형성되는 것입니다. 그런 점에서 가족은 사회의 가장 기본적인 단위라고 할 수 있습니다.

그런데 이러한 가족의 형태를 개인이 결정하게 하자고요? 이는 마치 개인이 자신의 구미에 맞게 사회를 선택하는 것과 마찬가지의 결과를 초래하게 됩니다. 전반적인 혼란이죠. 선생은 가족제도에 대한 불신 때문에 현대사회에서 나타나는 가족의 위기를 마치 바람직한 방향인 것처럼 얘기하고 있습니다. 선생이 말로는 제도 그 자체를 부정하는 것은 아니라고 하지만, 어디 모든 제도가 필요 없다고 주장을 해야만 부정하는 입장에 해당하는 것이겠습니까? 현실에서는 제도를 상대화하는 것 자체가 제도를 부정하는 것과 동일한 효과로 나타나는 것입니다. 제도란 것은 사회 구성원들을 그 속에서 안전하게 보호한다는 점에서 안정적이고 절대적인 기준의 역할을 해야 하는데, 제도를 상대화함으로써 사실상 제도를 무력화시키는 데 크게 기여하고 있는 것입니다.

박쌤 | 내용을 좀 더 풍부하게 하기 위해 이번에는 교육제도에 적용을 해서 두 분의 문제의식을 확인해보죠. 교육과 제도의 관계에 대

해 비판적인 입장에서 체계적인 논의를 전개한 사상가로 루소를 꼽는 데 주저할 사람은 별로 없을 것 같습니다. 루소는 《에밀》에서 다음과 같이 제도교육에 대한 혹독한 비판을 하죠.

"자연과 싸우느냐 사회제도와 싸우느냐, 그 어느 편인가를 취하는 수밖에 없는 노릇이며, 한 인간을 만드느냐 한 시민을 만드느냐의 어느 한 쪽을 택하는 수밖에 없다. 왜냐하면 동시에 두 부류의 사람을 만들 수는 없기 때문이다. (…) 자연인은 완전히 자기를 위해서만 존재한다. 따라서 그는 자신이 절대적인 정수(整數)이며, 단지 자기 자신이나 그의 동료하고만 관계를 갖는다. 시민적 인간은 분모에 좌우되는 분수의 분자에 불과하다. 그러므로 그 가치는 정수, 즉 사회 공동체와의 관계에 따라 결정된다. 그러므로 사회제도란 인간을 가장 부자연스럽게 하고, 개인으로부터 절대적인 존재를 탈취하며, 그 대신 상대적인 존재로 만들어 자아를 공동체 속에 몰입시킨다. 그 결과 개인은 자기를 한 개체로 생각하지 않고 전체의 일부분으로 믿게 되며, 또 전체의 일부분으로밖에 자신을 의식하지 않게 마련이다. (…) 시민적 질서 속에서 자연 감정의 우월성을 보유하려고 하는 자는 자기가 하려고 하는 일이 무엇인가를 모르는 인간이다. 항상 자기가 하려고 하는 일이 무엇인가를 결정하지 못하고 방황한다. 이와 같은 사람은 결코 인간도 되지 못할 것이다. 결국 그는 자기 자신을 위해서도, 타인을 위해서도 기여하지 못하리라. (…) 이 필연적으로 상반되는 목적으로부터 서로 반대되는 두 개의 교육 형태가 생긴다. 그 하나는 사회적 공공(公共)교육이며, 다른 또 하나는 개별적인 가정교육이다."

루소는, 선택은 둘 중 하나라고 단언합니다. 제도화된 인간을 만들 것인가, 아니면 인간 자체에 충실한 자연인을 만들 것인가를 선택해야 한다는 것이죠. 그에게 제도적 인간은 자신의 열망보다는 국가나 사회 공동체의 이해관계에 철저히 복종하는 존재를 말합니다. 예를 들어 국가나 전체가 개인에 항상 우선하고 중시되는 국가주의 혹은 전체주의에 찌든 인간이 여기에 포함되겠죠. 자연인은 자율성과 자발성에 기초하여 자기 문제를 자신의 욕구에 따라 결정하는 인간을 말하는 것이고요.

그런데 그는 시민적 질서, 즉 제도적인 질서에 예속되어 있으면서 개인의 주체성을 유지하고자 하는 사람은 자신이 얼마나 무모하고 불가능한 일을 하는지를 모르는 것과 같다고 합니다. 이 두 가지를 동시에 실현하는 것은 불가능하다는 거죠. 제도적 질서란 본질적으로 주체성을 거세하는 것을 특징으로 하기 때문에 이 둘은 공존하기 어렵다는 거예요.

이어서 루소는 이를 교육 문제와 직결시킵니다. 제도적 인간을 만드는 핵심적인 도구가 우리가 흔히 공교육이라고 말하는 제도교육이라는 겁니다. 이 공교육 속에서는 절대로 자율적이고 주체적인 인간, 즉 자연인은 만들어질 수 없다는 거예요. 오직 국가나 전체가 요구하는 규범이나 지식을 충실하게 습득할 뿐이라는 것이죠. 공교육의 목적 자체가 제도화된 인간, 국가주의에 길들여진 인간을 배출하는 데 있기 때문이죠. 그래서 그는 개인을 전체의 일부분으로만 바라보는 제도교육이 아니라, 개인의 자연적 욕구에 충실할 수 있는 개별 교육을 지향합니다.

겔렌 선생의 입장에서는 당연히 루소의 교육관에 대해 정면으로 반대할 것 같은데요. 선생님, 어떠신가요?

겔렌 | 당연하죠. 루소는 마치, 이성에 근거하기만 한다면 이 사회의 모든 것을 싹 뜯어고쳐서 몽땅 새롭게 시작할 수 있다는 식의 사고를 하고 있습니다. 특히 교육에 대한 그의 입장은 그러한 경향이 더 심각하게 나타나고 있는 것 같아요.

교육은 사회와 분리되어 있는 것이 아닙니다. 분리될 수도 없고요. 교육은 필연적으로 전체 사회의 한 구성요소입니다. 인간 사회에서 교육이라는 것이 생길 때부터 사회적인 요구에 기초했어요. 역사적으로 교육은 가족제도와 함께 전체 사회의 존속과 유지에 공헌하는 가장 중요한 기능을 수행해온 것입니다.

교육의 목적은 본질적으로 기존 사회의 유지와 변화하는 사회에 적응하기 위해 개인을 사회화하는 데 있습니다. 가족제도가 1차적인 사회화 기능을 담당한다면, 교육제도는 좀 더 폭넓은 의미에서 2차적인 사회화를 담당하는 기능을 합니다. 특히 가족제도는 제한된 가족 구성원이라는 관계 내에서 사회화를 담당하기 때문에 일정한 한계를 갖습니다. 이에 비해 사회는 훨씬 복잡한 체계와 관계 속에서 움직이고 있죠. 때문에 다양하고 폭넓은 상호관계에 대한 규칙과 행위를 습득하는 게 필수적입니다. 교육제도가 바로 그러한 역할을 담당하는 적임자라고 할 수 있겠습니다.

뿐만 아니라 교육제도는 재능 있는 사람을 분류하고 선발하는 합리적인 방법을 사회에 제공한다는 측면에서 사회질서를 유지하는 핵심적인 역할을 합니다. 더 나아가 지식과 전문적 소양이 중요한 현대사회에서 제반 역할 수행에 필요한 각종 지식, 기술, 가치규범을 함양시켜 개인이 사회의 변화에 능동적으로 적응하도록 도와주는 역할을 합니다. 그렇기 때문에 사회가 안정되기 위해서는 가족과 함께 교육제도가 안정되어야 합니다. 자율성이란, 거듭 강조하지만, 사회의 유지와 안정이라는 틀 내에서만 한정적인 의미로 이해해야 돼요.

아도르노 | 제가 루소의 견해와 모든 면에서 일치하는 것은 아니지만 적어도 교육제도가 인간의 자율성을 약화시키고 전체의 일부분으로서의 의식을 강제하는 역할을 한다고 보는 점에서는 일치하는 것 같습니다.

겔렌 선생이 교육제도와 사회의 연관성을 강조했는데요, 저 역시 그 둘은 밀접한 관련이 있다는 것에 전적으로 동의해요. 하지만 둘이 맺고 있는 관계를 바라보는 관점이 매우 다른 게 문제죠. 겔렌 선생이 말하는 사회가 정말 자유롭고 평등한 개인의 총합으로서 전체 사회를 말하는 것이라면 문제가 훨씬 덜하겠지만, 문제는 그게 아니라는 데 있어요. 겔렌 선생이 말하는 사회란 기존의 사회질서를 의미하는 것이잖아요. 또한 제도교육에서 강조하는 사회화도 기존 사회의 질서와 규범을 의미하는 것이고요.

그런데 기존 사회의 질서와 규범이라는 게 도대체 무엇일까요? 당연히 현실 사회의 지배 집단과 그들의 이해를 중심으로 하는 규범이겠죠. 그런 점에서 제도교육은 엄밀하게 말하면 전체 사회와 관계를 맺는 것이 아니라 지배 집단과 관계를 맺는 것이라고 봐야 해요.

좀 더 분명히 정리하면, 제도교육은 기존 계급과 계층의 질서를 유지시켜주는 도구이고, 기존의 불평등 구조를 영속화 내지 심화시켜 현 사회 구조에 순응하는 태도를 갖게 함으로써 지배 집단의 이익을 대변하고 있는 것이죠. 겔렌 선생이 입이 닳도록 강조하는 사회화의 본질은 바로 여기에 있습니다. 그렇기 때문에 자율적 사고를 고무시키기보다는 현대 자본주의 사회가 요구하는 상업적 가치에 동조하는 태도를 주입시키는 역할을 합니다. 선생은 제도교육이 현대사회에서 제반 역할 수행에 필요한 각종 지식을 가르친다고 얘기했는데, 이것도 복잡한 사회를 스스로 분석하고 판단할 수 있는 주체적인 사고력을 향상시켜주는 것이 아니라 편협한 기술적인 가치관을 가르치는 것으로 봐야 정확합니다.

그렇기 때문에 공교육, 즉 제도교육의 본질이란 지배 집단의 이데올로기를 전수하여 불평등한 사회 구조를 심화시키는 역할을 하는 데 있습니다. 능력 중심의 이데올로기로 공정성을 위장하고 있으며, 실패의 원인을 사회 구조적인 측면보다 개인의 능력과 노력 부족으로 돌리는 역할을 해요. 이를 통해 개인에게 국가와 전체에 대한 순응과 복종을 주입시키며 불평등을 재생산하는 데 공헌하는 핵심적인 기구 역할을 합니다.

겔렌 | 루소가 살던 근대 시민혁명 이전이나 혹은 아직 민주주의가 정착하기 전이었던 근대사회의 초기에는 교육이 노골적으로 특정 지배 집단의 이익만을 대변하는 경향이 어느 정도 있었을지 몰라도

지금은 아니잖아요. 교육제도도 민주주의의 진전과 함께 변화되어 왔고, 민주주의가 상당히 정착된 현대사회에 와서는 특정 지배 집단이 아닌 진정한 의미에서 전체 사회의 규범과 질서를 계승시키는 역할을 하고 있다고 봐야 해요. 물론 아직 부분적인 문제가 있겠지요. 그거야 지금까지 그래왔듯이 보완해 나가면 되는 것 아닌가요? 공교육을 민주화하는 것 말고 무슨 대안이 있죠?

박쌤 | 저 역시 아도르노 선생에게 그게 궁금해요. 한국 사회에서도 이른바 참교육을 추구하는 교사나 학부모, 혹은 교육운동 시민단체들도 공교육을 민주화하는 것이 대안이라고 생각하는 경향이 강합니다. 아니, 좀 더 정확히 말하자면 이것을 거의 유일한 대안처럼 생각하지요. 아도르노 선생은 앞에서 가족제도와 관련한 대안을 제시하면서 가부장제 가족제도의 억압성에서 벗어나기 위해 다양한 가족 형태의 공존을 인정하자는 주장을 했는데요, 교육제도와 관련해서도 마찬가지의 발상인가요? 그러면 그 구체적인 내용은 무엇이 될 수 있나요?

아도르노 | 기본적으로는 같은 맥락이라고 할 수 있습니다. 공교육을 민주화하기 위해 노력하는 것 자체에 대해서는 충분히 인정할 수 있습니다. 그것 나름대로의 의미가 있겠죠.
　일반적으로 학교의 주체를 학생, 교사, 학부모라고 합니다. 그런데 한국 사회의 예만 보더라도 이들 주체라고 일컬어지는 사람들에게 실질적인 권한이 거의 없어 보여요. 주체란 권리가 있을 때 주체일 수 있지요. 권리 없는 주체란 공허한 말장난에 불과한 것이잖아요. 한국의 학생들에게도 학생회라는 자치기구가 있긴 하지만, 문제는 기구가 있고 없고가 아니라 그들에게 어떤 권한이 있는가인데, 사실상 아무것도 없잖아요. 보장된 것이라고는 최종적으로 건의를 하는 것인데, 건의야 말 그대로 학교 측에서 이러저러한 사정상 들어줄 수 없다고 하면 그것으로 그만이니까요.

교사도 사정은 마찬가지인 걸로 알고 있습니다. 교사들의 최고 회의가 교무회의지만 교무회의에는 의결권이 없고, 학생회처럼 고작 건의만 가능한 상황입니다. 학부모회도 비슷한 상황이고요. 때문에 학생회, 교무회의, 학부모회에 학교나 교육 과정의 중요한 결정에 참여할 수 있는 실질적인 권한을 주기 위한 공교육 민주화는 그것대로의 의미가 있다고 생각해요.

하지만 그렇다고 해서 공교육, 즉 제도교육의 본질이 변하는 것은 아닙니다. 군대를 민주화한다고 해서, 혹은 경찰을 민주화하고 교도소를 민주화한다고 해서 이들 기구의 본질이 변하는 것은 아니잖아요? 공교육도 마찬가지입니다. 개인의 욕구와 자율성보다는 전체의 이해가 우선되겠지요. 또한 교과서라는 제도가 없어지지 않는 한(제도교육이 존재하는 한 이것이 없어지는 것은 불가능할 텐데요), 개인의 특성보다는 획일성이 지배하는 것도 불가피할 것이고요. 물론 교과서의 종류를 늘리면 조금 완화되겠지만 획일성은 여전히 유지되겠죠.

또 국가로부터 재정적인 독립을 할 수 없는 한 국가주의 교육의 그림자를 벗어날 수도 없어요. 흔히들 착각하듯이 특정 정부를 지지하지 않는다고 해서 국가주의, 전체주의 교육이 사라지는 것은 아니에요. 전체라는 이름으로 이루어지는 국가와 민족에 대한 충성, 혹은 사회적인 규범에 대한 순응, 제도에 대한 적응은 본질적으로 그대로 유지된다고 봐야 합니다. 이는 교사 개인의 양심이나 희망과는 무관하게 강제되는, 집단적 제도교육의 불가피한 결과일 겁니다. 그런 점에서 제도교육의 틀 내에서 교사 개인의 양심은 매우 한계적인 역할만 할 수 있고, 근본적으로는 무력한 존재일 수밖에 없습니다.

그래서 저는 제도교육을 민주화하는 것은 그것대로 인정하지만, 다른 한편으로 제도교육의 틀을 벗어나 이루어지는 다양한 시도도 충분히 인정되어야 한다고 생각해요. 대안교육 운동도 여기에 포함될 수 있겠죠. 미국이나 유럽에서 일부 나타나고 있는 홈스쿨링, 즉 일종의 '학교 안 보내기' 운동이 하나의 예가 될 수 있을 것 같습니다. 제도교육의 틀을 벗어나 학부모나 뜻있는 분들이 만들어낸 교육 공동체라고 할 수 있죠. 교사와 교재, 교육 방법 등 일체의 교육 과정을 자율적으로 선택하고 진행합니다. 그 외에도 제도교육의 근본적인 문제를 지적하며 그 틀을 벗어나 이루어지는 다양한 대안교육 운동이 여기에 포함될 수 있을 것입니다. 이러한 시도와 흐름도 인정하자는 주장입니다.

겔렌 | 아도르노 선생, 제도에서 벗어나 이루어지는 실험적인 대안교육 과정에서 얼마나 많은 시행착오가 있겠습니까? 왜 학생들이 그러한 실험의 희생물이 되어야 하죠? 이미 제도교육은 축적된 내용과 형식을 통해 안정된 교육을 제공하고 있는데, 왜 여기에서 벗

어난 시도가 초래할 위험을 사회가 같이 부담하고 용인해야 되죠?

　엄마의 치맛자락에 몸을 숨기는 아이는 불안과 동시에 다소간의 안전을 느낍니다. 당신은 물론 제도를 엄마에, 개인을 아이에 비유하는 것에 불쾌해하겠지요. 그리고 개인의 성숙 문제를 논하려 하겠지요. 하지만 비유야 어떠하든, 자유를 위해 당신은 기본적 문제에 대한 결정을 제도에 맡기기보다 인간 스스로 하도록 하고, 그로 인해 불가피하게 나타나는 시행착오와 삶의 과오를 감수하도록 모든 인간에게 요구해야 한다고 생각하는 겁니까?

아도르노 | 그렇습니다. 나는 객관적인 행복과 객관적인 절망에 대한 생각을 갖고 있습니다. 인간이 스스로 결정하고 그에 대해 책임을 지지 않는 한, 이 세계 내에서의 안녕과 행복은 하나의 허상임을 나는 말하고 싶습니다. 자율성이 깨어질 때 심각한 결과가 초래될 것입니다.

박쌤 | 이제 제도에 관한 두 분 생각의 차이가 무엇인지 좀 더 분명해진 것 같습니다. 또한 논의 과정에서 두 분의 주장과 근거, 그리고 이를 뒷받침하는 논리도 상당히 구체적으로 드러났고요. 아쉬움도 남고 더 많은 논의를 하고 싶지만 벌써 시간이 꽤 흘렀습니다. 오늘은 여기서 논쟁을 마치도록 하고요, 마지막으로 간단하게 오늘 논쟁을 마무리해주시지요.

겔렌 | 아도르노 선생은 아직 인간의 손에 남아 있는 약간의 것마저

도 불만스럽게 여기도록 만들고 싶어 합니다. 그것은 위험한 일입니다. 제도에 대해 개인이 할 수 있는 일은 부분적인 수정과 보완으로 제한되어야 합니다. 그런 점에서 아도르노 선생의 시선이 개인에만 머물지 말고 사회의 유지라는 측면에 충분히 다가서길 바랍니다.

아도르노 | 맞습니다. 제가 주장하는 근본적인 모색이 사람들에게 불안감과 혼란을 줄 수 있다는 점에서 어느 정도는 위험성을 지니고 있다는 것을 인정합니다. 하지만 저는 그러한 위험에 대해 이런 말로 답하고 싶습니다. "오직 절망만이 우리를 구원할 수 있다."

박쌤 | ㅎㅎ 마지막까지 팽팽한 신경전을 벌이시는군요. 오늘 두 분이 한국의 독자들을 위해, 다소 추상적일 수 있는 논쟁을 최대한 구체적으로 진행해주셔서 무엇보다 감사드립니다. 다른 논쟁의 자리에서 다시 만날 기회가 있기를 바랍니다. 수고하셨습니다.

지식 넓히기 2

겔렌과 아도르노

겔렌(Arnold Gehlen, 1904~1976)

독일의 사회심리학자·철학자. 1904년 라이프치히에서 태어나 라이프치히대학과 쾰른대학에서 철학을 공부하였다. 1927년에 철학박사 학위를 취득하였고, 1930년 드리슈(유기적 철학, 즉 생기론을 주장한 동물학자이자 철학자)의 지도로 교수 자격시험에 합격하였다. 그 후 라이프치히대학을 비롯하여 여러 대학에서 철학과 사회학을 강의하였으며, 2차 세계대전 중에는 종군하여 중상을 입기도 했다. 1962년부터 아헨고등공업학교 교수로 재직하였다.

인간은 '생각하는 존재'도 아니고 또 동물적 자연본능에 좌우되는 존재도 아닌, 자각적으로 문화를 창조하는 존재라는 인간관에 기초해 새로운 철학적 문화인류학을 제창한

겔렌

그는 오늘날 철학적 인간학을 확립한 공적을 널리 인정받고 있다.

겔렌은 우리가 살고 있는 현대 문명에 인간학적 토대를 부여하고자 했다. 이러한 인간학적 토대가 없다면 문명 그 자체는 야만의 상태로 전락하고 만다는 것이 그의 생각이었다. 찬란했던 고대 문명의 몰락도 이러한 맥락에서 파악할 수 있다는 것이다. 문명이 그 자신의 빛을 발하고 있을 때는 그 속에서 인간의 생생한 삶의 모습을 볼 수 있지만, 앙상한 가지를 드러내고 있는 고대 문명의 그늘에서는 메말라버린 인간의 참혹한 모습을 본다는 것이다. 현대 문명도 야만으로 퇴화할 준비를 하는 모습을 도처에서 발견할 수 있다고 그는 지적한다.

그가 보기에 인간은 문화 속에서 살게 됨으로 인해 인간에 적대적인 자연 속에서 살아남을 수 있었다. 이렇듯 겔렌은 인간의 문화 창조 능력에 희망을 걸고 인류의 미래를 조망하였다. 그러나 겔렌의 입장은 동시대 문화비평가들에게 기술낙관론 혹은 소박한 인간중심주의로 비판받았다.

주요 저서로는 《국가와 철학》(1935), 《인간-그 본성과 세계에서의 위치》(1940), 《인간학적 탐구》(1961), 《인간》(1966), 《원인과 후기 문화》(1969) 등이 있다. 사후에 그의 전집이 출판되었다.

《인간학적 탐구》

겔렌의 인간학을 총정리한 가장 대표적인 저작이라 할 수 있다. 그는 총 10장으로 구성된 이 책에서 인간학의 역사, 경험의 본질, 하나의 인간상, 현대의 인간학에서 본 인간상, 인간과 제도, 문화·자연과 자연성, 인간학의 견지에서 본 기술, 지각에 대한 본능적 요구, 현대의 사회적 상황, 인간학의 체계 등의 내용을 종합적으로 정리해 나간다.

여기에서 나타나는 철학적 인간학에 대한 그의 기본 입장을 한마디로 요약하면, '인간-생물학적' 문제 설정에 있다. 그는 먼저 인간의 생물학적 고찰을 통해 종래의 형이상학적 가설을 극복하고, 인간의 본질적 징표로서 '행위' 개념을 도출해낸다. 그런 다음 이 행위 개념을 인간의 생물학적 특수성에 적용함으로써 인간 행위의 특징이 '부담면제'에 있음을 밝혀낸다. 이에 따라 그는 인간의 본성뿐만 아니라 인간의 모든 사회 현상까지도 해명한다.

겔렌이 보기에 인간을 정신과 육체로 나누는 심신이원론(心身二元論)에 빠져 있는 한, 인간 존재의 전체성과 단일성을 동시에 파악할 수 없다. 인간의 본질은 이러한 전체성과 단일성 속에 주어지는 것이지 결코 어떤 형이상학적이고 이원적인 도식 속에서 주어지는 것이 아니라는 것이다.

심신이원론의 극복은 그의 인간학에서 중요한 의미를 지닌다. 이원론 극복의 실마리를 그는 인간의 '행위' 개념에서 찾아낸다. 즉 그는 동물의 관점에서 동물의 활동상을 보고 그 내면적 본성을 미루어 짐작할 수 있다는 행동 연구에 착안했다. 그리고 동물과 비교해서 인간이 동물과 다른 점은, 동물이 본능에 따라 행동하는 반면 인간은 본능에서 풀려나 있다는 사실이다.

이처럼 본능을 타고나지 않았다는 의미에서 인간은 '결핍 존재'

이다. 이러한 결핍을 보상받기 위해 인간에게는 교육 훈련이 필요하다. 따라서 인간의 행위는 동물의 본능처럼 생득적이고 주어진 것이 아니라 교육 훈련의 결과로 생겨난 후천적 산물이고, 인간은 자기완성을 향해 나아가는 도상에 있을 수 있게 되었다. 그 결과 인간은 동물이 이룩할 수 없었던 문화를 창조할 수 있었다.

문화는 인간에게 제2의 자연이다. 즉 동물이 1차원적인 자연 속에서 살아가듯이, 인간은 문화라는 자연 속에서 살아간다. 본래 무능력자인 인간은, 문화가 유해한 자연환경의 독을 제거하고 중화시켜주었기에 비로소 생존 가능한 것이다. 제도는 그 문화의 중요한 일부분으로 파악된다.

이와 관련하여 겔렌은 다음과 같이 주장한다. "문화권은 확실히 인간에 의해 변경된 자연, 말하자면 인간에 의해 세계 속에 구축된 둥지라는 규정으로 접근해간다. 인간에게는 동물의 환경에 대한 생래적인 적응 능력이 결여되어 있기 때문에, 문화는 인간의 생존에 반드시 필요한 것이다. (…) 문화는 지성적 행위에 의해 새롭게 형성된 자연인데, 이것은 자연 그 자체의 구조를 변경시키기 위한 단초와 기술적 수단을 스스로에게 부여한다. 새롭게 형성된 자연의 개념에서 또한 가족과 결혼이 생겨나고, 사회질서도 생겨난다. 즉 이것들은 모두 심사숙고해서 고안된 자연을 소재로 하여 형성된 것들이다."

아도르노(Theodor Wiesengrund Adorno, 1903~1969)

독일의 철학자이자 미학자로 프랑크푸르트학파의 중심인물이었다. 1903년 9월 11일 프랑크푸르트에서 태어나, 1924년 프랑크푸르트 대학에서 후설에 관한 연구로 철학박사 학위를 받았다. 평생 동안 음악에 관심이 많았으며, 1927년 이후 베를린에 자주 체류하면서 벤야민, 브레히트, 블로흐, 바일 등과 친교를 맺었다. 나치의 탄압을 받아 미국으로 피신하기도 했다.

아도르노는 호르크하이머와 긴밀한 협업을 통해 프랑크푸르트학파를 형성했고, 근대 이성의 한계를 집중적으로 연구했다. 그의 사상은 체계성을 거부하고 각 이데올로기 영역에 내포된 정신의 변질적 경향을 날카롭게 분석해내는 데 특색이 있으며, 근대 문명에 대하여 독자적인 비판을 제시하였다.

아도르노

아도르노가 전개한 작업의 주된 대상은 기존의 철학에서 별 관심을 갖지 않았던 비개념적인 것, 비동일자, 질적인 것, 특수한 것들이었다. 객체 중심으로 사고를 해서 주체와 객체 사이의 위계질서를 깨뜨리는 것이 이러한 작업의 목표였다. 전쟁 기간 중 그는 인간의 무기력함에 주목했고, 인간으로 산다는 것과 이성을 사용한다는 것에 대해 전면적으로 다시 고민할 필요를 느꼈다.

그는 1930년대 말까지 "파시즘은 자본주의의 필연적 결과"라는 정통 마르크스주의의 명제를 지지했다. 그러나 전체주의가 자본주의와 사회주의를 가리지 않고 전면적으로 진행되면서 그 명제에 대한 지지를 철회한다. 그리고 자본주의와 사회주의, 야만과 문명, 신화와 계몽의 이분법을 분쇄하는 새로운 역사 인식을 수립한다.

근대사회에서 계몽, 진보, 이성, 합리는 어느 체제를 막론하고 무비판적인 근본 전제이자 목표였다. 그러나 이 전제와 목표는 인류에게 정신적·물질적 풍요와 더불어 사회적·자연적 파국도 초래하였다. 따라서 아도르노는 인류가 인간적인 세계를 건설할 수 있다는 믿음을 받아들일 수 없었다. 그들에게 인류 역사의 진행은 발전과 퇴행의 계기를 동시에 포함한다. 그는 이러한 역사의 역설적인 과정을 날카롭게 통찰했다. 그는 이성의 비합리성을 직시하면서, 이성이 항상 '지배'와 연결되어 있음을, 그리고 지배가 자연뿐 아니라 인간 자신과 사회에까지 확대되어 있음을 폭로했다.

주요 저서로는 《계몽의 변증법》(1944), 《부정변증법》(1966), 《현대음악의 철학》(1949) 등이 있다.

《계몽의 변증법》

아도르노와 호르크하이머가 공동으로 집필한 책이다. 이들은 아우슈비츠의 대학살을 만들어낸 광기의 원인을 이성의 신화 또는 계몽에서 찾는다. 계몽의 개념 자체에 내포된 퇴보의 싹이 현대사회 곳곳에 뿌려져 세상을 야만의 시대로 만들어가고 있다는 것이다. 계몽의 야심찬 기획은 때로는 문화라는 허울 좋은 이데올로기의 가면을 뒤집어쓴 채 나타나기도 하고, 합리성과 효율성이라는 이름으로 인간의 신체와 의식을 검열하는 파시즘의 형태로 나타나기도 한다고 주장한다.

'왜 인류는 진정한 인간적인 상태로 들어서기보다 새로운 종류의 야만 상태에 빠졌을까?'라는 문제의식이 이 책의 주된 질문이다. 마법사의 주술은 계몽의 지식에 밀려난 지 오래다. 이제 모든 것은 이성에 의해 파악되며, 계산 가능한 질서 속에 자리 잡고 있다. 합리적으로 이해될 수 없는 것은 사실이 아닌 것, 나쁜 것, 없는 것으로 취급된다. 인간의 피(자연)를 먹어야 살 수 있는 드라큘라는 빛(이성)을 두려워하며, 어두워져야 활동한다. 중세의 주술에 묶여 오랜 잠을 자다 깨어난 드라큘라가 과학기술로 무장한 19세기 혹은 20세기의 인간과 대결한다는 것은 애초에 불가능하다. 결국 드라큘라는 이성과 빛의 힘으로 합리적으로 살해된다. 계몽은 합리적으로 사물을 파악하고 그것에 질서를 부여하여 체계를 수립하는 과정 속에서 만들어지며, 이 속에서 세계는 탈마법화된다.

이 책의 첫 번째 논문은 합리성과 사회 현실의 뒤엉킴, 그리고 이로부터 분리될 수 없는 자연과 자연 지배의 뒤엉킴에 대한 이해를 위해 작성되었다. 부연설명에서는 모든 자연적인 것을 오만한 주체 밑에 굴복시키는 것이 궁극적으로 맹목적인 객체성과 자연성의 지배 속에서 어떻게 정점에 이르고 있는가에 대해 다루고 있다.

문화산업에 관한 장은 계몽이 어떻게 이데올로기로 퇴보하는가를 보여준다. 우리는 영화와 라디오에서 이러한 퇴보의 전형적인 표현을 발견한다. 여기서의 계몽은 무엇보다 생산과 분배에서 효과와 테크닉을 계산하는 것이다. 여기서 이데올로기는 기존 질서와 함께 테크닉을 조종하는 권력을 신격화함으로써 본연의 사명을 수행한다. 이러한 모순을 다룸에 있어 문화산업은 그 자신이 스스로 요청하는 것보다 좀 더 진지하게 취급되었다.

반유대주의의 요소들을 명제별로 다룬 장은 계몽된 문명이 실제 현실에서 어떻게 야만 상태로 회귀하는가를 보여준다. "자기 파괴로의 실제적인 경향이 합리성 안에는 처음부터 존재한다." 이런 의미에서 반유대주의의 철학적인 역사가 구상되었다. 나머지 부분들은 스케치와 구상들을 묶어놓은 것으로, 일부는 앞의 내용에 해당하는 것이고 다른 일부는 향후에 작업할 문제들의 윤곽을 잠정적으로 그려본 것인데 그 대부분은 변증법적 인류학과 관계된다.

《부정변증법》

아도르노는 이성이 추진해온 계몽이 많은 문제점을 내포하고는 있지만, 그렇다고 해서 이성의 능력을 절대적으로 부정하지는 않는다. 이성의 능력을 비판한다고 해서 비합리주의가 되는 것은 아니다. 즉 아도르노는 칸트와 마찬가지로, 이성에 의한 이성의 비판이라는 입장을 취하는 것이다.

아도르노는 철학을 신뢰하고 이성을 신뢰한다는 점에서 근본적으로 독일 관념론의 후예이다. 그러나 그는 절대적 관념론을 부정하고 객체 우위의 입장을 취하면서, 보편자의 억압으로부터 개별자를 해방시키고자 노력하였다. 그는 이러한 입장에서 철학적 사고를 전개하였는데, 그의 철학적 사고를 집대성한 대표작이 바로 《부정변증법》이다.

이 책의 내용은 독일 전통 철학의 주류를 이루어왔던 칸트, 헤겔, 하이데거의 철학에 대한 비판을 토대로, 새로운 철학인 부정변증법을 구축하고 이를 자유 문제 등 현실적인 철학 문제에 적용하는 것이다.

제1부에서는 하이데거의 존재론에 대한 비판을 통해 부정변증법의 존재론적 토대를 구축한다. 하이데거가 헤겔의 관념론을 정신 숭배라고 비판하면서 존재의 중요성을 강조했지만 하이데거 자신도 독립적이고 완결적인 존재 자체를 절대화함으로써 주관적 관념론에 빠졌다는 것이다.

제2부 부정적 변증법 부분은 헤겔의 변증법에 대한 비판이며, 동시에 이 책의 가장 핵심적인 부분이다. 아도르노는 변증법을 특정의 철학적 입장이나 방법론이 아니라 철학 자체라고 보았다. 그러나 그는 전통적인 변증법이 부정의 부정을 통하여 어떤 긍정적인 것을 사유하려 한다는 점을 비판한다. 따라서 그는 자신의 변증법을 부정의 변증법이라 부른다. 헤겔의 변증법은 주관 우위의 관념론적 변증법이지만, 부정변증법은 객관 우위의 유물론적 변증법이다. 사물 또는 사태는 그 자체로 비개념적인 것이기 때문에, 객체 우위의 철학에서는 개념에 의해 비개념적인 것이 억압당하는 일이 없게 되는 것이다. 이러한 변증법은 부정을 매개로 하여 대상을 인식하는 것이 아니라 주체와 객체의 짜임 관계를 통하여 파악하는 것이다.

제3부는 부정변증법을 구체적인 사례에 적용하여 부정변증법의

모델을 제시한다. 제1장은 도덕철학에 부정변증법을 적용한 것으로 칸트의 자유 이론이 비판된다. 제2장에서는 역사철학에 부정변증법을 적용하여 헤겔의 '세계정신과 자연사'가 비판적으로 검토된다. 그리고 마지막으로 제3장에서는 비판적 자기반성으로 형이상학적인 문제들이 검토된다.

| 인간학적 탐구

제도의 부담면제 기능 | 우리가
이제 문화 과학적 탐구의 지반 위에 서게 되면, 이 가장 단순한 생각을
넘어 주지하는 바의 문제제기, 즉 법, 가족, 국가에 관한 물음―따라
서 헤겔이 '객관적 정신'이란 개념 아래서 취급했던 바로 그 주제―
이 필연적으로 생겨나게 된다. 이 객관적 정신은 물론 하나의 주관화
의 정립 작용이고, 정신을 모든 가능적 언표의 주어로서 정립하려는
작용이다. 그렇기 때문에 위에서 언급한 새로운 단초의 내부에서는
아무것도 시작하게끔 해서는 안 되는 것이다.

이에 반해 인간학의 추상적 인간을 상호 관련 속에서 제시하려고
생각하고 인간을 상호간 또는 상황에 따라 행동하게끔 하는 것은 대
단히 유망한 것처럼 보인다. 이때 인간 상호간의 행동으로 타파되고
새롭게 정립될 수 있다. 그리하여 모범상으로서 법률 관계와 소유 관
계 또는 지배 관계가 지양될 수 있고, 또한 '객관적 정신' 대신에 제도

가 주제화된다. 여기서 말하자면 인간적 근본 특성 가운데 가장 중요한 것이 놀랍게도 언급되고 있는데, 그것은 인간의 경우 본능적 생활이 이미 퇴화되어버렸고 불확실하게 되어버렸다는 것을 의미하고, 본능적 성질의 가소성과 유동성을 의미한다.

어떤 동인에서 출발하는 인간적 행동의 비규정성 및 예측 불가능성과 제도 사이의 관련성을 보다 분명히 하기 위해 나는 슈비데츠키(Ilse Schwidetzki)의 짧은 공식을 인용하는 것이 가장 좋다고 생각한다. "인간의 경우에는 동물의 경우에서처럼 본능이 개별적으로 고정되어 있는 행동 과정을 결정하는 것이 아니다. 본능 대신에 각각의 문화가 다양한 인간의 가능한 행동 양식 가운데서 일정한 변형체를 추출하여, 그것을 사회적으로 승인된 행동 모범으로 고양시키고, 이 행동 모범이 집단의 모든 구성원을 결속시킨다. 이러한 문화적 행동 모범 또는 제도는 각 개인에게 너무나 많이 요구되는 결단의 순간에 대한 부담을 면제시켜주는 것, 즉 세계 개방적인 인간에게 흘러넘치는 충만된 인상과 자극을 통한 안내자의 역할을 한다." 이러한 관점에서 제도는 삶에 중요한 과제 또는 상황을 지배하는 형식으로서 나타난다.

그리고 제도는 번식이나 보호 또는 양육의 경우에서 보듯이, 어떤 규칙적이고 영속적인 공동 행위를 요구한다. 다른 한편으로 제도는 안정화시키는 힘, 즉 강제력으로서 나타난다. 제도는 그 본성상 위험에 처해 있고 불안정한 상태에 놓여 있는, 그러면서도 정감이 넘쳐흐르는 존재가 상호간에 그리고 자기 자신을 유지하기 위해 찾아낸 형식이다. 이러한 제도 위에서 우리는 자기 자신과 다른 사람을 헤아려 볼 수 있고 신뢰할 수도 있는 것이다. 이러한 제도 속에서 인간은 한편으로 공동으로 삶의 목적을 파악하고 추구하면서, 다른 한편으로 행해야만 하는 것과 그만두어야만 하는 것을 궁극적으로 규정할 수 있고, 또한 이와 함께 내면적 삶을 안정시키는 특수한 이익을 획득하게 된다. 그리하여 인간은 모든 경우에 언제나 감정적으로 서로 대결하거나 스스로가 원칙을 결정하게끔 강제되는 것이 아니다.

실제로 각 개인은 재산 또는 결혼과 같은 제도를 이미 주어져 있는 초(超)개체적 모범상으로서 체험하고, 제도 속에 스스로를 정돈한다. 아니면 다른 경우에 각 개인은 그의 직업, 사회적 지위, 공장의 어떤 제도 속으로 들어가게 되는데, 제도는 그 속으로 들어오고 다시 나가는, 즉 사람들이 교체되는 가운데서도 오랫동안 동일한 것으로 남아 있고, 또한 앞으로도 계속 남아 있을 것으로 생각된다. 이러한 주제는 자신에게 고유한 인간의 행위가 어떻게 자기 자신의 규범에 따르는 것과 같은 행위로 전화되고, 각 개인에게만 통용되는 것으로 나타나던 것이 모든 사람에게 타당한 하나의 객관적 질서로서 고정되는가를 자세하게 해명하려 할 때, 매우 흥미 있으면서도 난해한 고찰을 필요로 한다.

간단히 말하면 다음과 같다. 인간이 함께 살거나 함께 일하는 형식, 지배 관계가 형성되고 있거나 초감성적인 것과의 접촉이 일어나는 형식, 이 모든 형식은 독자적인 비중을 지닌 형태, 즉 제도로 응고되고, 이 제도는 마침내 개인에게는 대립해 있는 자체적인 힘과 같은 그 무엇을 획득하게 된다. 그리하여 우리는 통상적으로 개인의 행동을, 그 사람이 사회체제 속에서 어떤 지위를 차지하고 있는가를 알게 될 때, 또한 그 사람이 어떤 제도 속에서 살아가는가를 알게 될 때, 대부분 확실하게 예측할 수 있게 된다.

직업과 가족, 혹은 국가 또는 우리가 속하는 어떤 단체들에게서 요구되는 것들은 우리의 행동을 통제할 뿐만 아니라 우리의 가치 감정과 의지의 결정에까지 어디든지 개입하여 간섭한다. 이때 그것은 억제되지도 않고 의심되지도 않는데, 그것은 마치 자기 자신으로부터 유래하는 것처럼 보이고, 다시 말하면 어떤 다른 가능성을 전혀 생각해볼 수 없는 자명한 것처럼 보이며, 그리하여 마침내 자연적인 것의 설득력을 수반하고 있는 것처럼 보이기 때문이다. 각자 인격의 내면에서 본다면 이것은 선행을 베푸는 의심할 수 없는 상태 또는 확실성을 의미하고, 삶에 중요한 부담의 면제를 의미한다. 왜냐하면 정신적 에너지는 이러한 내적·외적 습관이라는 토대 위에서, 말하자면 위로 향해서 방출될 수 있는 것이기 때문이다. 그리하여 정신적 에너지는 본래 개인적이고 일회적인 것이며, 그때마다 새롭게 발견되는 성향들에 대해서도 자유로운 것이다.

인간학적으로 말한다면, 인격성의 개념은 오직 제도의 개념과 밀접한 연관 속에서만 고찰될 수 있고, 제도는 엄밀한 의미에서 인격의 성질 일반에 대해 비로소 전개될 수 있는 기회를 부여한다. 이때 나는 인격성이라는 말 속에서 산업화된 대중사회가 부지불식간에 주입시킨 실제로 아주 분명한 압력에 의해 과도하게 요구되는 것에 항의하는 그러한 자기 주장을 이해하려는 것이 아니다.

내가 말하고자 하는 것은 다음과 같은 것이다. 즉 제도가 어떤 방식으로든 우리들 자신을 도식화한다면, 그리고 제도가 우리의 태도와 마찬가지로 우리의 생각과 감정까지도 주형하고 유형화한다면,

자기 자신의 상황 속에서 일회적인 것을 표현하기 위한 힘, 즉 성과 있고 독창적이고 효과적으로 활동하기 위해 축적시킨 에너지를 우리는 다름 아닌 제도로부터 이끌어낸다. 자신이 처한 상황 속에서 인격적인 존재이고자 하는 것이 아니라 모든 상황 속에서 언제나 인격자이고자 하는 사람은 단지 좌절할 뿐이다.

이제 한걸음 더 나아가 제도가 파괴된다거나 동요될 때 본래적으로 야기되는 문제에 대해 살펴보자. 이러한 문제 상황은 역사적 파국의 시기에 언제나 일어나고 있다. 예를 들어 혁명의 시기 혹은 국가 형태나 사회 형태 또는 문화 전체가 붕괴되어버리는 때에 직면하여 일어나고, 평화적인 문화에 대한 공격적인 문화가 무력적으로 개입할 때에도 일어난다. 그 직접적인 결과는 당사자의 인격을 불안정하게 할 뿐만 아니라 마음속 깊숙이 파고 들어가 영향을 미친다. 즉 도덕적, 정신적 중심에 있는 자명한 것의 확실성이 좌초되기 때문에 도덕적, 정신적 중심이 방향을 상실하게 된다.

그리하여 이 불안정화는 이러한 핵심의 층에까지 파고 들어가 결정적으로 작용하면서 거기서 인간에게 즉흥적으로 행동하게끔 강요하고, 마음에도 없는 무리한 결정을 강요하거나 눈을 감고 불확실한 것 속으로 뛰어들도록 강요하는데, 더욱 무서운 것은 어떠한 희생을 무릅쓰고라도 일반적인 궤도에 진입하기 위해 어떤 원칙을 고수하라는 것이다.

이에 따른 불확실성의 감정적 변화는 불안, 격정 또는 신경질적인 것으로서 나타난다. 이 모든 것은 우리가 보다 귀찮은 상황을 견뎌내려고 할 때, 이미 자명한 것으로 알고 있고 아무런 문제도 느끼지 않고 살아야만 하는 그러한 인간의 층까지도 통제하고 결단해야 하는 낭비에 대한 부담을 야기시킨다.

간단히 말하면 다음과 같다. 즉 제도가 동요된 결과로서 인간 속에 일어나는 붕괴 현상은 스스로를 원시 상태로 퇴화시켜버리고, 그 행동은 마치 귀머거리가 무엇을 이해하려고 애쓰는 긴장된 노력을 상기시킨다. 우리는 근대 문학, 특히 동시대의 영국 문학에서 원시적 상황과 많은 반성을 누적시켜온 감정이 대체적으로 상호 병존하고 있음을 볼 수 있다. 이러한 모습 속에서 본질적으로 비코(Giambattista Vico)가 '반성의 야만'이라고 부른 것이 나타나고 있다.

제도의 해체에 의한 주관성의 과잉 | 나는 오히려 제도의 완만한 발전적인 해체나 갑작스럽고 파국적인 해체가 제도 속에서 파악되는 개별 인간에게 어떤 영향을 미치는가 하는 물음을 제기함으로써 나의 생각을 진행시켜 나가고자 한다. 여기서 결과적으로 주관주의가 나타난다는 하나의 의심할 수 없는 대답이 주어진다. 나는 주관주의를 자아 관련성 또는 자기중심에서 이해하려는 것이 아니고, 어쨌든 일상적인 의미가 아니라 다음과 같은 종류의 자아의 집착 작용과 바로 자신으로부터 생겨나오는 자기 자신의 확신과 사상, 자신의 감정적 반응을 즉각적이고 직접적으로 체험하고, 마치 그것이 초개별적인 중요성을 지니고 있는 것처럼 체험하는 방식의 자아 집착으로 이해하려고 한다.

제도로부터 버림을 받아 자기 자신에게로 되돌아가는 경우에도 우리는 지금 여전히 남아 있는 내적인 것을 보편타당성으로 고양시키려는 것 외에 달리 반응할 수가 없는데, 이것은 오늘날 자명한 것일 뿐만 아니라 지극히 소박하게 확신하고 있는 방식으로 드러난다. 이와 관련하여 벤(Gotteried Benn)이 다름 아닌 '사적 군중'이라 부른 것을 우리는 어떻게 공공성을 띠게 할 것인가에 대한 직접적인 요구가 제기된다.

그러나 나는 이 논증이 모든 의미의 아이러니를 해소시켜줄 수 있기를 바라며, 제도적 빈곤화와 규범의 혼란뿐만 아니라 바로 동일한 주관에 나타나고 있는 무방비성과 과민성으로부터 생겨나는 주관성의 무제약적 주의 요구에 다만 주목하려고 할 뿐이다. 인간은 우연히 주어진 생득적 소질을 아주 소량으로 보유하고 있지만, 오늘날만큼 이 소량으로 보유하고 있는 우연한 생득적 소질에 결정적으로 되던져진 적이 없고, 우리가 보유하고 있는 것이 오늘날보다 더 강하게 요구된 적도 없다. 따라서 바로 이러한 상태에서 오늘날 우리는 대단히 손상되기 쉬운 것이다.

이념과 제도 |

이념이 혼자서는 이념 자신 밖으로 나타날 기회가 거의 없다는 생각은 확실히 독일에서 깊이 뿌리를 내리고 있는 자명성에 모순되는 것이지만, 사회학자들은 이 통찰을 간과하지 않았다. 이념은 그것을 널리 확산시키기 위해 스스로 힘쓰고, 두루 침투할 때 이념을 도와주는 인간을 필요로 하고, 인간 자신은 다시금 이념의 활동을 위해 서로 협력한다. 이때 단순히 문학적 집필과 독서 활동은 단지 이차적인 의미밖에 지니지 못한다. 루소나 볼테르의 이념이 '프랑스에서 널리 확산되어 마침내 혁명을 야기시켰다'는 것과 같은 생각은 누구나 인정하고 있는 사실이 아니며, 이러한 생각은 역사 속에서 본래적으로 활동하는 힘이 저작자들이라는 잘못을 저지르고 있는 것이다.

우리는 이념의 선전과 침투 및 시위를 목적으로 하는 구체적 단체를 언제나 찾지 않으면 안 되고, 우리가 예를 든 경우에도 프랑스 전역에 확산되어 있고 잘 협력하는 급진적인 시민적 행동주의자들의 클럽이었다. 예를 들어 디종(Dijon)과 같은 개별적인 경우에 우리는 그러한 행동주의자들의 이름과 직업, 작전 규칙까지도 알고 있다. 이념은 단순히 떠도는 말이 아니라 확산되는 것이고, 우리가 그것을 위해 활동할 때에만 영향을 미치는 것이고, 다른 사람들에게 도움을 줄 때 인간을 활동하게 하는 것이고, 구체적인 경우에는 특정한 단체를 형성한다.

이념의 자기 운동에 관한 헤겔의 학설보다 잘못되고 인간을 미혹 속으로 이끌어가는 학설은 없다. 이와 같은 헤겔의 학설은 관념론과 세상에 잘 알려져 있지 않은 것을 결합시키려는 독일인의 경향을 확실히 현저하게 촉진시켰다.

따라서 여기서 서술하는 경험적 철학은, 경험이란 말을 엄밀한 의미에서 해석한다면, 반드시 실천적이고 궁극적으로 윤리적인 결론에 이르게 될 것이며, 예를 들어 이념을 논하기보다는 이념을 정당하고 지속적인 현실성에 이르도록 도와주는 것이 중요하다는 결론에 도달하게 된다.

－출전 : 《인간학적 탐구》, 이을상 옮김, 이문출판사, 2001

| 계몽의 변증법

계몽의 개념 I 사회의 과도한 성
숙은 피지배 계급의 미성숙을 먹고 산다. 사회적·경제적·학문적 장
치—생산체계는 오래전부터 이러한 장치의 사용과 육체를 조화시켜
왔는데—가 복잡하고 정교해질수록 육체가 가지고 있는 체험 능력
은 점점 빈곤해진다. 질(質)의 제거, 그리고 질이 기능으로 전환되는
것은 합리화된 작업 방식에 힘입어 과학으로부터 국민들의 경험 세계
로까지 확장되며, 이에 따라 사람들의 경험 세계는 또다시 양서류의
경험 세계와 유사해지는 경향이 있다. 오늘날 대중의 퇴행은 들을 수
없는 것을 자신의 귀로 듣고, 붙잡을 수 없는 것을 자신의 손으로 만질
수 있는 능력의 결핍을 의미한다. 이러한 퇴행은 결국 모든 정복된 신
화들을 다시 해체해버리는 새로운 형태의 '현혹'이다. 모든 관계와
감정을 하나로 묶는 총체적 사회의 매개에 의해 인간은 또다시 강제
적으로 유도된 집합성 속에서의 고립으로 인해 하나같이 비슷한 존
재, 즉 단순한 '유적 존재'가 된다. 서로 이야기를 나눌 수 없게 되어
있는 노 젓는 사람들은 한 사람 한 사람이 공장, 영화관 그리고 공동체
속에 있는 현대의 노동자와 동일한 리듬 속에 묶여 있다. 의식적으로
영향력을 행사하지 않더라도 사회 내의 구체적인 노동 조건들은 획일
화를 강요한다. 의식적인 영향력 행사는 다만 추가적으로 억압받는
사람들을 바보로 만들고 진리에 접근 못하도록 할 뿐이다. 노동자들
의 무기력은 단지 지배자들의 술수에 의한 것일 뿐만 아니라, 고대의
숙명이 자신의 숙명으로부터 벗어나려 노력하는 과정 속에서 초래된
마지막 형태인 산업사회의 논리적 귀결이다.

그러나 이러한 논리적 필연성이 궁극적인 것은 아니다. 그것은 지배에 묶여 있는 것처럼 지배가 만들어낸 과장이다. 지배의 도구에도 묶여 있다. 그 때문에 지배는 명백한 사실이지만 지배의 진실성은 의심스러운 것이 된다. 물론 '사유'는 언제나 자신의 의문점들을 충분히 구체화시켜왔다. 사유란 주인이 임의로 멈추게 할 수 없는 노예다. 인간이 정착 생활을 한 이후 그리고는 상품 경제에서, 법과 조직으로 물화된 지배는, 스스로에게 제한을 가하지 않을 수 없게 되었다.

계몽과 도덕 | 근대시대에 계몽은 종교적 피안에서 구현될 수 있었던 '조화'와 '완성'을 지상으로 끌어내려서는 그것들을 체계라는 형식 속에서 인간적 노력이 도달해야 할 기준으로 만들었다. 프랑스혁명에 희망을 제공했던 유토피아가 힘차면서도 무기력하게 독일 철학과 음악에 흘러들어온 이후, 확립된 시민적 질서는 이성을 완전히 기능화시켜버렸다. 이성은 '목적 없는 합목적성'이 되었으며, 이 '목적 없는 합목적성'은 모든 목적 속에서 팽팽한 긴장을 일으킨다. 이런 의미에서 이성은 순전히 '계획'을 위해 고안된 계획이다. 총체화된 국가는 국민들을 조작한다. (…중략…) 이성이 어떤 내용적 목표도 설정하지 않으므로, 어떤 감정적 끌림도 이성에서는 배제된다. 감정이란 너무나 자연적인 것이다. 이성을 비이성으로부터 분리시키는 원리가 '계몽'과 '신화'의 진정한 대립을 규명하기 위한 근거를 제공한다.

(…중략…)

'자기 유지'—체계라는 형태는 오로지 이의 지배를 받는데—또한 인간 행동에 가장 그럴듯한 원리를 제공하는 것처럼 보인다. 자유시장경제에서는 사실 완전한 전권이 자기 유지에 부여된다. 초기 시민시대의 어두운 사상가들, 즉 마키아벨리, 홉스 같은 사람들은 자아의 이기성에 대해 언급하면서 바로 이러한 이기성으로부터 '사회'라는 파괴적 원리를 인식했으며, 후세 밝은 사상가들이나 고전주의자들에 의해서 공식 이념으로 부상된 '조화'의 관념을 탄핵했다. 저들은 시민적 질서의 총체성이란 종국에 가서는 보편자와 특수자, 즉 사회와 자아 모두를 집어삼킬 공포임을 부각시켰다. 사적 집단의 경제 장치라는 지배에 의해 인간들이 분할되는 경제체제가 전개되면서 이성의 다른 이름인 '자기 유지' 또는 개별 시민의 대상화된 충동은 '자기 파괴'와 더 이상 분리될 수 없는 파괴적 자연력임이 증명된다. 자기 유지와 자기 파괴는 서로 분간하기 어려울 정도로 중첩된다.

문화산업 : 대중 기만으로서의 계몽 | 한 가지 점에서 현대의 공허한 이데올로기는 농담을 허용하지 않는 진지성을 보여준다. 그 진지성은 모든 사람을 돌봐야 한다는 것이다. 모든 사람들에게 형식적 자유가 보장된다. 누구도 자신의 생각에 대해 공적인 책임을 질 필요는 없다. 그 대신에 모든 사람은 일찍부터 사회적 통제의 가장 민감한 도구인 교회나 클럽이나 직업동맹이나 여타 관계들의 체계 속에 소속된다. 파멸하지 않으려면 사람들은 이러한 장치들의 경중을 잘 저울질하면

서 경솔하지 않게 처신해야 한다. 그러지 못하면 그는 뒤처지게 되고 결국에는 파멸하게 된다. (…중략…)

  범죄의 경우를 제외하더라도 아웃사이더가 된다는 것은 가장 큰 죄다. 그러한 아웃사이더는 영화 속에서라면 혹시 씁쓸한 유머로서 너그럽게 봐줄 수 있는 별종이 될 수도 있을 것이다. 그러나 대부분의 경우 사회는 착한 다수에 피해를 주는 실수를 범하지 않기 위해 그러한 아웃사이더가 어떤 행동을 저지르지 않았는데도 처음 보는 순간부터 그를 악인 취급한다. 사실 오늘날은 상당한 수준에 달한 복지국가가 실현되었다고 할 수도 있을 것이다.

(…중략…)

  모든 사람은 전능한 사회와 같아질 수 있다. 모든 사람은 완전히 굴복하고 행복에의 요구를 포기할 때 행복해질 수 있다는 것이다. 개인의 무기력 속에서 사회는 자신의 힘을 확인하고는 그에게 약간의 힘을 나누어준다. 개인의 무저항이 개인을 신뢰할 만한 사회 구성원으로 만들어주는 것이다. 이로써 비극성은 폐기된다. 예전에는 사회에 대한 개인의 대립성이 개인의 실체를 구성해주었었다. 개인은 "막강한 적과 고상한 재난과 공포를 불러일으키는 문제 앞에서 감정의 용기와 자유를" 찬미했다. 오늘날 비극성은 아무 의미도 없는 저 사회와 주체의 잘못된 동일성 속으로 녹아들어갔는데, 이러한 잘못된 동일성이 지니는 가공스러운 모습을 우리는 공허한 비극적 가상 속에서 언뜻 만날 수 있다. 개인의 반항을 질식시킨 다음 백기를 든 개인들에게 항구적인 자비를 베푸는 통합의 기적은 바로 파시즘을 의미한다.

볼테르를 위하여 | 일면적인 이성이 속삭인다. "당신의 이성은 일면적이며 당신은 권력에 불의를 가했다. 당신은 몰염치한 폭군에 항거하여 격정적으로, 눈물겹게, 빈정대면서 시끄럽게 떠들어댄다. 그러나 당신은 권력이 마련해준 '선(善)'에 대해서는 잊어버리고 있다. 권력만이 마련해줄 수 있는 '안전'이 없다면 '선'도 존재할 수 없을지 모른다. 권력의 보호 밑에서 삶과 사랑은 나래를 펼 수 있으며 적대적인 자연으로부터 작은 행복을 얻어낼 수도 있었던 것이다."

권력자에 대한 이러한 변명은 진실이면서 동시에 거짓이다. 권력이 행한 많은 위대한 업적에도 불구하고 권력만이 불의를 범할 수 있다. 왜냐하면 이행되지 않은 변론이 아니라, 실행이 뒤따른 판단만이 부당하기 때문이다. 말은 오직 말 자체가 억압을 목표로 하며 무기력이 아닌 권력을 옹호하려 들 때만 일반적인 불의에 가담한다.

그러나 일변적인 이성은 계속 속삭인다. "권력은 인간에 의해 대변된다. 당신은 권력을 폭로함으로써 인간을 표적으로 삼는다. 그들 권력자들 뒤에는 아마 더 몹쓸 권력자가 올지도 모른다."

거짓말은 진실을 말한다. 파시스트 살인자들이 기다리고 있는 것을 알았다면 사람들은 약한 정부를 그렇게 내몰지는 않았을 것이다. 그러나 덜 잔인한 권력과 제휴를 맺는다고 해서 필연적으로 파렴치한들이 침묵하고 있는 것은 아니다. 개인을 악마로부터 보호해주는 불의를 비난할 경우 '선'이 겪는 고통은 사람들이 악마에게 불의에 대한 고발을 맡김으로써 악마가 얻는 이익보다는 항상 적다. 오직 악당들만이 진리를 얘기하고 괴벨스가 즐거운 고문에 대한 기억을 생생하게 재현하고 있는 이 사회는 도대체 어디까지 가야 하는가?

이론의 대상은 선이 아니라 악이다. 이론은 그때그때 확정된 형식 속에서 재생산되는 삶을 이미 전제한다. 이론의 요소는 자유며 그 주제는 억압이다. 언어가 변명적이 될 경우 그 언어는 이미 오염된 언어이다.

법의 영역 | 나쁜 상황으로 하여금 그 객관성 때문에 정당성을 유지하고 선의 가상을 취하게 해주는 매체는 대체로 합법성이라는 매체다. 이 매체는 물론 삶의 재생산을 긍정적으로 보호하지만, 그 기존 형태들에서는 폭력의 파괴적 원칙 덕분에 그것의 파괴적 성격이 완화되지 않은 채 드러난다.

한편 법은 사회 속에서, 항상 인용 가능한 규정의 도움으로 공포에 호소할 태세를 취함으로써, 공포를 보존한다. 법은 비합리적 합리성의 근원적 현상이다. 법에서는 형식적 등가성의 원칙이 규범으로 된다. 즉 그것은 모든 사람을 천편일률적으로 취급한다. 그처럼 차이를 소멸시키는 평등성은 은밀히 불평등을 촉진한다. 그것은 겉보기에만 탈신화화된 인류의 한가운데에 남아 있는 신화다. 법 규범들은 빈틈 없는 체계를 위해 그것으로 포괄되지 않는 것, 미리 모양 지어지지 않은 경험, 특수한 것에 대한 모든 경험을 잘라버린다. 그러고는 도구적 합리성을 특유한 이차적 현실로 끌어올린다.

법의 영역 전체는 정의들의 영역이다. 그것의 체계적 성격은 그것의 완결된 범위를 벗어나는 어떤 것도, 법조문 속에 들어 있지 않은 어떤 것도 그 속에 들어가지 않도록 명령한다. 이러한 울타리는 그 자체로서 이데올로기적이며, 사회적 통제 장치로서의 법을 인준함으로써, 관리되는 세계에서는 특히 전적으로 현실적 폭력을 행사한다. 독재체제에서는 그것이 직접 폭력으로 넘어가는데, 그 뒤에는 언제나 간접적으로 폭력이 자리 잡고 있다. 개인이 이해관계상의 적대관계로 인해 법의 영역에 들어갈 수밖에 없을 경우 쉽사리 부당한 대우를 받게 된다는 것은 개인의 책임이 아니다. 즉 그가 객관적 법 규범과 그 보증물들에서 자신의 이익을 재인식하지 못했다고만 할 수는 없는 것이다. 오히려 그것은 법 영역 자체의 본질 구성요소들의 책임이다.

－출전 : 《계몽의 변증법》, 김유동 옮김, 문학과지성사, 2001

| 부정변증법

법과 공정성 | 법체계들은 더 일관되게 완성될수록, 그것에 흡수되는 것을 거부하는 데 본질을 두는 것을 점점 더 흡수할 수 없게 된다. 공정성에 대한 요구가 의도하는 바는 법 속의 불의에 대한 교정 수단이라고 하겠는데, 합리적 법체계는 그 요구를 일반적으로 정실 관계 혹은 불공정한 특권이라고 묵살할 수 있다. 이러한 경향은 보편적이다. 그것은 개인적 이해관계들을 어떤 총체성의 공약수로 축소하는 경제적 과정과 같은 의미를 지닌다. 그런데 이 총체성은 개인적 이해관계들로 구성되지만, 그 본질 구성적 추상으로 인해 개인적 이해관계들로부터 멀어짐으로써 부정적인 상태에 머문다.

삶의 유지 상태를 재생산하는 보편성은 동시에 삶을 점점 더 위험스러운 수준에서 위협하기도 한다. 실현되어가는 보편적 폭력은 개인들 자신의 본질과 동일한 것이 아니라 점점 그와 대립하기도 한다. 특별 영역으로 여겨지는 경제 분야에서만 개인들이 캐릭터마스크들 혹은 가치의 대리인들인 것은 아니다. 그들은 경제의 우선성에서 벗어났다고 공상하는 곳에서도, 그들의 심리 깊숙한 곳, 즉 파악되지 않은 개별성이 관용되는 영역에서조차 보편의 강압 아래 반응한다. 그들은 보편과 동일해질수록, 다시 무방비 상태로 복종하는 존재로서 보편과 더욱 동일하지 않게 된다. 개인들 자신 속에서는 전체가 그들과 더불어 적대관계를 통해서만 유지된다는 점이 표현된다. 사람들이 의식적이고 보편성에 대한 비판의 능력을 지닐 때조차 자체 보존의 불가피한 동기로 인해 의식적으로는 보편에 반대하면서도 보편이 맹목적으로 관철되도록 돕는 행동이나 태도를 취할 수밖에 없을 때도 수없이 많다.

― 출전 : 《부정변증법》, 홍승용 옮김, 한길사, 1999

키워드

- **《가족, 사유재산, 국가의 기원》** 엥겔스는 마르크스가 남긴 원고들을 정리하는 과정에서 모건의 《고대사회, 또는 야만에서 미개를 거쳐 문명에 이르는 인류의 진보 경로에 대한 연구》에 관한 비판적 평주들을 발견하고, 그것을 확장시켜 인류 문명사를 총체적으로 파악해보려는 계획을 세운다. 그 성과물이 《가족, 사유재산, 국가의 기원》이다. 서문에서 엥겔스는 이 책이 "고인이 된 나의 친구가 수확하지 못한 열매에 대한 미약한 대용물에 불과하다."고 말한다.

여기서 '수확하지 못한 열매'가 뜻하는 바는, 자신과 마르크스가 기초를 닦은 역사유물론의 관점에서 고대부터 근대에 이르는 역사 과정을 규명하는 작업이다. 이를 '역사유물론의 일반화'라고 표현할 수도 있을 것이다. '정치경제학 비판'이 자본주의의 발전 과정에 내재해 있는 모순을 분석하고 그 이면에서 필연적으로 성장하는 노동자 계급의 역량을 분석하는 작업이라면, '역사유물론의 일반화'는 자본주의를 포함하여 현대사회의 역사적 위치를 전체 인류사의 맥락에서 파악하려는 기획이다.

- **게임 이론** 경제 행위에서 상대방의 행위가 자신의 이익에 영향을 미치는 경우 이익을 극대화하는 방법에 관한 이론을 말한다. 게임 이론은 1960년대 초 미국 핵전략론의 도구로 군사·안보 분야에서 주로 사용되다가 1980년대

부터 사회학과 국제정치학, 국제경제학의 주요한 방법론으로 쓰이고 있지만 비판적인 시각도 만만치 않다. 각 행위자를 이기적 존재로만 규정하는 가치론적 전제와 복잡다기한 경제 관계를 도식적 틀 안에서 설명하려 한다는 비판을 받기도 한다.

- **결과의 평등** 결과의 평등이란, 사회적으로 불평등을 유발시키는 요인이 무엇이든 간에 불리함을 해소하는 것으로는 부족하고 모든 구성원이 결과에서 평등해지는 것을 의미한다. 마르크스주의자는 기회의 평등과 조건의 평등을 넘어 결과, 즉 실질적인 부의 분배까지도 평등함을 추구하였다. 대표적으로 소비에트식 중앙 집중적인 계획경제 사회에서는 나름대로 결과의 평등 이론을 중심으로 사회를 운영하려고 하였다. 결과의 평등은 실제로 자본주의 국가에서는 채택되지 않았고, 그 대신 개인에게 교육, 취업, 복지 등 사회적 자원에 대한 기회의 평등을 보장하고, 부분적으로 불리함을 안고 있는 구성원에 대해 다른 사람들과 동일한 조건에서 경쟁할 수 있도록 하는 조건의 평등을 구현하려고 시도하고 있다.

보통 결과의 평등에 대해서는 다음과 같은 비판이 제기된다. 먼저 더 열심히 일한 사람과 덜 열심히 일한 사람을 동등하게 대접함으로써, 결과적으로 덜 열심히 일한 사람이 더 열심히 일한 사람의 부를 가져가는 효과가 있다는 지적이다. 다음으로 열심히 일을 할 이유, 즉 인센티브가 사라져버리게 된다는 지적이다. 더 나아가서는 위험을 감수하고 혁신을 수행하는 사람에게 주어지는 인센티브가 없기 때문에 생산성의 혁신이 어렵다는 점이 지적된다. 이러한 문제들로 인해 전반적으로 효율성과 생산성이 떨어지는 결과를 초래하게 되며, 그리하여 하향 평등, 즉 모두가 가난해지는 평등으로 귀결된다는 비판이 많이 제기된다.

● **계몽** 계몽은 대략 17세기 후반과 18세기에 걸쳐 유럽에 팽배해 있던 사상을 일컫는 일반적 명칭 가운데 하나이다. 이 말은 또한 그 시대의 사상적으로 거대한 기획을 가리키기도 한다. 계몽사상가들은 미신과 맹신을 배격했으며 이성을 찬양했다. 이러한 이성을 사람들은 인간이 생활하는 모든 영역을 개선시켜주는 데 결정적 역할을 할 것이라고 보았다. 이성적 사고에 의한 정념의 통제, 과학과 기술에 의한 자연의 정복, 좀 더 책임 있고 민주적인 통치 형태로 전제정치를 대체하는 민주주의의 발전 등이 모두 계몽의 형태로 이해되었다.

인간이 중세의 감옥을 벗어날 수 있었던 가장 결정적인 계기는 신에 대한 믿음으로부터 인간의 이성에 대한 믿음으로의 전환이었다. 신 중심의 세계관에서 인간 중심의 세계관으로 전환하면서 인간이 주체로서 관심의 대상이 된 것이다. 이성에 따라 인간 주변의 모든 것을 수학적이고 과학적으로 추론해 나가면 진리는 곧 밝혀질 것처럼 보였다. 이러한 이성에 대한 맹신과 과학 발전에 대한 맹목적인 추종이 바로 계몽주의의 진행 과정에서 나타난다. 하지만 현대사회를 볼 때 이 도구적 이성이 가져온 폐해는 너무나 크다.

● **공리주의**(功利主義, Utilitarianism) 벤담과 밀이 제시한 윤리학 이론으로, 사회의 목적은 '최대 다수의 최대 행복'이라는 주장이다. 공리주의의 사상적인 원천은 영국의 경험론이다. 기본적으로 쾌락주의적인 입장에 근거하고 있는데, 사회 공중의 이익 증진을 도덕률로 내세운 쾌락주의라고 볼 수 있다. 이기적 쾌락주의에 대한 반성의 결과로 나타났으며, 개인의 이기적 쾌락과 공익과의 조화를 목표로 개인의 행복을 사회 전체의 입장에서 도모하려 했다. 공리주의는 도덕성의 일차적 규준을 '유용성'에 둔다. 하나의 행위는 가능한 한 최대 다수의 행복에 기여할 때 좋은 행위이다. 그래서 행복은 쾌락에 연결된다. 벤담이 쾌락의 양을 중시한 반면 밀은 쾌락의 질을 중시했다.

● **기회의 평등** 일반적으로 기회의 평등은 행위 주체의 기준을 '개인'으로 설정하고 있는 자유주의적인 평등 이론이라고 할 수 있다. 기회의 평등 원리에 따르면 한 사회는 각 개인에게 '평등한 기회'를 보장하되, 개인이 평등한 기회를 누리는 상황에서 열심히 일한 사람은 더 많은 분배를 받고, 덜 열심히 일한 사람은 덜 분배받는 것이 정당한 것이 된다.

기회의 평등에 대해서는 다음과 같은 비판이 자주 제기된다. 무엇보다도 주어진 조건에 의한 최초의 불평등에 대해 적극적 문제제기를 하지 않는다는 점이다. 즉 기존에 역사적으로 형성된 불평등에 대해서는 눈을 감아버린다는 것이다. 또한 기회의 평등은 개인의 천부적인 재능의 차이를 절대화시키는 경향이 있고, 이 때문에 사회적으로 발생하는 불평등을 좁히기보다는 방치하거나 확대하는 경향이 있다는 비판이 있다. 바로 이러한 이유 때문에 자유주의와 기회의 평등 이론은 지배 계급의 이데올로기로 쉽게 전환될 수 있는 본질적인 논리 구조를 가지고 있으며, 실제로 자본주의가 공고화된 이래 지배 계급이 자신들의 이념적 무기로 자유주의를 선호하고 있다는 비판이 제기된다.

● **로크의 소유권 이론** 로크는 《통치론》의 '소유권에 관하여'라는 장에서 자신의 소유권 이론을 정식화하고 있다. 그는 자연의 만물이 다 공유물이지만 적어도 하나만큼은 누구도 부정할 수 없는 사적인 소유라고 주장한다. "비록 대지와 모든 열등한 피조물은 만인의 공유물이지만, 모든 사람은 자신의 일신(person)에 대해서는 소유권을 가지고 있다." 즉 자기 일신만은 누가 뭐라고 해도 배타적으로 자신의 것임을 부정할 수 없다는 것이다.

그러므로 자신의 "신체의 노동과 손의 작업"은 당연히 자신의 것이며, 어떤 것을 자연 상태에서 꺼내어 "거기에 자신의 노동을 섞고 무언가 그 자신의 것을 보태면" 그것 역시 자신의 소유가 된다고 주장한다. 만인의 공유물인 자연에 노동을 가하여 인간에게 유의미하도록 일정한 변형을 이루면 그 자연은 공유의 상태에서 벗어나 사적인 소유권이 형성된다는 것이다. 그리고 이 소유권은 어느 누구도 간섭할 수 없는 배타적인 권리가 된다고 주장한다. 이렇게 로크는 소유권 성립의 근거를 바로 인간의 '노동'에서 찾고 있다. 즉 '자연→노동→소유권'이라는 관계가 성립한다는 결론이다.

● **베버**(Max Weber, 1864~1920) 독일에서 태어난 베버는 국민자유당 의원이자 자유주의 지식인이었던 아버지의 영향 아래서 지적 자극을 받으며 자라났다. 베버가 성장하던 시기에 독일은 마치 소용돌이를 통과하는 배처럼 역사적 과도기의 혼란을 겪고 있었다. 영국에 비해 한참 늦게 산업혁명이 시작된 독일은 봉건적 농업사회에서 자본주의적 산업사회로 넘어가면서 경제적으로든 정치적으로든 대립과 갈등을 피해갈 수 없었다. 권력을 장악하고 있던 지주 귀족들의 정치적 무능력은 나날이 명백해져갔다. 하지만 경제적 지배력을 확장해가며 지주 귀족들의 경제적 토대까지 잠식해 들어가던 독일의 신흥 부르주아들은 감히 지주 귀족들의 권력에 도전할 생각은 꿈도 꾸지 못했다. 독일 신흥 부르주아들은 진취적으로 자신의 세계를 개척해 나가기보다는 기존 지배 세력과의 타협과 거래라는 방식으로 지위를 보장받으려 했다. 이 때문에 독일은 활력 있게 성장하기보다는 후진성을 면치 못했다.

바로 이러한 상황이 베버의 문제의식을 심화시켰다. 무엇 때문에 영국은 합리적이고 진취적인 자본주의 발전을 선도해갈 수 있었는가? 반면 독일 자본주의는 무엇을 결여하고 있는가? 이 질문에 답하고자 하는 각고의 노력 속에서 베버는 경제학과 경제사, 역사학, 종교학, 법학 등 다양한 방면으로 파고들게 되었다. 《프로테스탄티즘의 윤리와 자본주의 정신》이라는 저작도 이와 같은 배경 속에서 태어난 것이다.

그 와중에 1차 세계대전이 발발하자, 베버는 이 전쟁이 후진적인 독일 민족의 국민정신을 각성시킬 중대한 계기가 될 것이라고 생각하며 적극적으로

지지하고 나섰다. 당시 이미 중년의 나이였음에도 직접 전쟁에 지원하기까지 했다. 하지만 결과는 참담했다. 전쟁이 낳은 참상과 비극적 결과를 보며 베버의 희망은 절망과 비관으로 뒤바뀌었다. 현실 정치에 긴밀히 참여하여 무언가를 도모해보고자 했던 그는 깊이 좌절한 채 연구실로 후퇴하게 되었다. 사회의 여러 측면에 관한 탐구와 집필 활동이 계속되었으나, 연구 생활로 돌아간 지 몇 년 되지 않은 1920년 폐렴에 걸려 갑작스럽게 사망했다.

대표적인 저작으로 《프로테스탄티즘의 윤리와 자본주의 정신》 외에도 《직업으로서의 학문》, 《직업으로서의 정치》, 《경제와 사회》 등이 있다.

• **보부아르**(Simone de Beauvoir, 1908~1986)   보부아르는 1908년 1월 9일 파리에서 태어나 소르본대학에서 문학과 철학을 전공하고 1929년 철학 교수의 자격을 얻었다. 보부아르는 소르본대학에서 만난 사르트르와 1929년 2년간의 계약결혼에 들어간다. 서로 같은 집에 살지 않으며, 결혼도 하지 않고, 아이를 낳지 않으며, 동시에 상대에게 모든 자유를 보장하는 동지적 관계를 표방한 계약결혼은 사회적으로 큰 파문을 일으켰다.

2차 세계대전이 끝난 후 보부아르는 사르트르가 메를로-퐁티, 아롱, 폴랑 등과 함께 창간한 《현대》지에 참여하면서 실존주의 문학운동에 함께하였다. 《현대》지를 통해 그녀는 알제리 해방전선을 지원하였고, 베트남 전쟁범죄 국제 재판에도 참가하는 등 당시 많은 정치·사회 문제에 적극적으로 참여하였다.

여성 문제 전반을 고찰한 《제2의 성》은 1949년 발표 즉시 사회적 파문을 일으켰으며, 외설 시비와 동시에 금서(禁書)로 비난을 받게 되었지만, 이후 여성운동에 지대한 공헌을 하게 된다. 보부아르는 《제2의 성》 발표 이후 여성운동가로서 적극적이고 실천적인 삶을 살았다. 1968년 '68혁명' 시기에는 이른바 혁명적 페미니스트 그룹인 FR의 구성원이 되어 본격적인 페미니스트로 실천 활동에 나섰다.

대표적인 작품으로 《실존주의와 민족의 지혜》, 《제2의 성》, 《특권》, 《초대받은 여자》, 《타인의 피》, 《인간은 모두 죽는다》, 《위기의 여자》 등이 있다.

● **부랑자법** 노동자가 저임금 노동에 순응하도록 강제한 법을 말한다. 부랑자법은 1348년 영국을 휩쓴 페스트(흑사병)에 그 역사적 기원을 두고 있다. 페스트는 인구를 절반으로 감소시켰고, 대다수 노동력의 파괴로 영국 경제는 나락으로 떨어졌다. 넓은 장원을 소유한 귀족들은 이미 노동력의 부족을 겪고 있었다. 도시의 새로운 산업이 장원의 경영에 필요한 값싼 노동력을 빨아들이고 있었기 때문이다.

부랑자법은 다음과 같은 목적에서 만들어졌다. 자유노동자든 예속노동자든, 노동자들이 저임금의 노동에 순응하도록 만들어 지주들이 싼 값에 노동력을 구할 수 있도록 할 목적이었던 것이다. 최초의 부랑자법은, 모든 '신체 건강한' 사람은 페스트 창궐 이전의 급료로 일해야 한다고 규정하였다. 더 높은 임금의 직업을 구하는 것을 금지한 것이다. 더욱이 '신체 건강한 거지'에게 금품을 제공하는 것도 금지되었는데, 이들이 노동하지 않을 수 없도록 만드는 것이 목적이었다.

● **사회계약** 법과 국가 등을 정당화해주는 가장 중요한 논변의 방식이다. 사회계약은 정치적 정의의 기본적인 양상을 보여준다. 과거에 사회계약은 이미 주어진 정치 질서의 내부에서 이루어진 사회적 합의를 의미했으나, 근세에 이르러서야 비로소 법과 국가 자체의 정당화에 기여하는 이론이 되었다. 여기서 사회계약은 명시적으로나 암묵적으로 맺어진 역사적 계약이 아니라 일종의 사고 실험이다. 계약은 공적인 법의 힘이나 이와 결부된 복종의 의무를 정당화하기 위한 은유적 표현으로도 사용된다. 왜냐하면 계약은 법률 행위의

기본적 형식이며, 법률 행위는 당사자들이 서로에게 권리와 의무가 있음을 인정해야 성립하기 때문이다. 결국 사회계약은 교환적 정의에 속한다. 또한 법률 행위에서는 자유의사에 의해서 법적 효력을 지니는 구속력이 발생한다. 자기 스스로 의무를 진다는 원칙의 내용은 전권을 위임한다는 뜻이 아니라, 일종의 선험적 이익을 보장받는다는 뜻이다.

● **왈저**(Michael Walzer, 1935~) 프린스턴대학(1962~66)과 하버드대학(1966~80) 교수를 역임한 이후 1980년부터 지금까지 미국 프리스턴 소재 고등과학원의 사회과학부 종신 석좌교수로 재직하고 있다. 정치평론지 《디센트(DISSENT)》의 공동편집자이며, 시사평론지 《뉴 리퍼블릭(THE NEW REPUBLIC)》의 편집인이기도 하다. 1983년 《정의와 다원적 평등》을 통해, 사회적 가치를 개인의 능력과 선택에 따라 분배해야 한다는 자유주의의 주장을 비판하고, 공동체의 문화에 따라 분배 원칙을 달리해야 한다는 논점을 제시하며 세계적 명성을 얻었다. 미국의 베트남전 이후 반전운동의 지도적 인물 중 한 사람이기도 했으며, 2001년 9·11사태 이후에는 새뮤얼 헌팅턴을 필두로 한 보수적 지식인과 에드워드 사이드, 노암 촘스키 등의 진보적 지식인들을 동시에 공격해 화제가 되기도 했다.

왈저의 공동체주의 사상은 1980년대 초반 이후 영미 윤리학 및 정치철학의 주요 쟁점으로 부각된 '자유주의 대 공동체주의 논쟁'의 맥락 속에서 등장한다. 흔히 왈저는 매킨타이어, 바버 등와 함께 공동체주의자로 분류되지만, 다른 공동체주의자들과는 달리 자유주의를 전면적으로 거부하지는 않는다. 비록 그도 자유주의의 방법론적 기초인 개인주의, 도덕적 보편주의, 권리준거적 의무론, 가치중립성을 거부하지만, 자유주의의 전통적 이념인 자유와 평등이 공동체주의 정의론을 통해서 진정으로 실현될 수 있다고 주장하는 점에서 자유주의에 친화적이다.

그의 정치사상은 현실 정치 현장과 밀접하게 연관된 정치비평에 근거해서 이룩된 것이다. 일련의 비평을 통해서 그는 윤리학에 근거한 현실적 정치학의 부활과 정치적·도덕적 삶에서 다원주의적 접근 방식의 부활에 큰 일조를 한다. 그는 정치 이론과 도덕철학에 관한 다양한 주제를 다루어왔다. 즉 정치적 의무, 정의로운 전쟁론, 민족주의와 국가론, 국제 관계, 경제정의론과 사회민주주의적 복지국가, 그리고 자유주의와 공동체주의, 해석과 사회비평 등이 그것들이다. 최근에는 최소한의 보편적 도덕규범의 수립 문제, 그리고 다문화적 세계에서 국가의 지위와 관용의 문제를 다루는 '차이의 정치'에 관심을 집중하고 있다.

● **엥겔스**(Friedrich Engels, 1820~1895) 엥겔스는 마르크스와 함께 현대 공산주의운동의 기틀을 세웠을 뿐만 아니라, 공동 연구를 통해 철학·경제학·정치학 등 여러 분과 학문을 가로지르는 엄청난 지적인 성과를 인류의 유산으로 남겼다.

엥겔스는 '유토피아 사회주의'라고 불릴 만큼 공상적이고 체계적이지 못했던 기존 공산주의의 한계를 벗어나기 위해서는 '정치경제학 비판'에 주목해야 한다고 여겼다. '정치경제학 비판'은 사회의 근본적인 문제가 '자본주의적 사적 소유'에 있으며, 이 모순을 극복할 수 있는 주요 정치 세력은 철학자·지식인이 아니라 노동자 계급이라는 점을 강조한다. 이런 내용을 담고 있는 엥겔스의 《국민경제학 비판 개요》는 아직까지 독일 철학을 비판하는 데 집중하고 있던 마르크스를 깜짝 놀라게 만들었고, 둘의 만남을 이끈 계기가 되었다.

이후 두 사람은 한편으론 독일 철학에 대한 비판을 일정하게 완결하고(《신성 가족, 혹은 비판적 비판에 대한 비판》, 《독일 이데올로기》), 다른 한편으론 새로운 공산주의(《과학적 사회주의》)의 기초 이론과 강령을 정립하면서(《공산주의의 원리》,

《공산당 선언》) 본격적으로 공산주의운동을 조직하기 시작했지만, 1848년 유럽의 혁명이 실패하자 수배와 추방을 겪으며 마르크스는 런던 도서관으로, 엥겔스는 맨체스터 공장으로 돌아갔다. 이때부터 엥겔스는 낮에는 가업을 이어 공장을 운영하고, 밤에는 마르크스를 비롯해 혁명가들을 후원하며 그들과 교류하는 '이중생활'을 거의 20년 동안 지속해야 했다.

다시 이론 작업에 몰두하기 시작한 것은 마르크스가 죽은 후였다. 마르크스 사후 엥겔스의 작업은 크게 세 가지로 분류할 수 있다. 하나는 '정치경제학 비판'을 완결하는 작업이었고, 다른 하나는 그에 기초해서 인류 역사를 총체적으로 조망하는 '역사유물론'을 정립하는 것이었으며, 마지막으로 기존 저작들의 대중용 판본을 만들거나 현재적 함의를 정리하여 재간행하는 일이었다. 이를 위해 엥겔스는 마르크스가 남긴 원고들을 일일이 검토하면서 부족한 부분을 보완하거나, 자신의 새로운 원고에 마르크스의 관련 언급들을 채워 넣는 방식으로 방대한 연구를 진행했다.

● **이성 중심주의** 이성 중심주의적 사고의 가장 중요한 특징 가운데 하나는 자연지배사상이라고 할 수 있다. 인간의 이성은 자연을, 지배해야 하는 대상 그리고 개척되어야 하는 대상으로만 인식했다. 이러한 이성은 인간이 자연을 지배해 유용하게 이용할 수 있도록 도움을 주는 도구이기도 했지만, 현대사회로 접어들면서 나타나는 이성의 폐해는 인간에게 그 칼을 돌리고 있다. 이러한 사례는 우리 주위에서 너무나 흔하게 볼 수 있다. 환경오염으로 인한 인간 생명의 위협과 같은 사례에서 볼 수 있듯이, 자연 파괴로 인한 결과가 이제는 인간의 목숨을 위협하고 있는 것이다. 이것이 바로 도구적 이성의 속성인 것이다. 즉 자연을 지배해야 할 이성은 그 힘이 매우 강력해야 한다. 그 강력함이란 이성의 소유자인 인간마저도 파괴할 수 있을 정도로 위력적이어야 한다.

자연을 지배하기 위한 전략을 짜는 데 가장 중요한 요소는 자연의 힘을 무력화시키는 것이다. 자연을 무력화시키는 데 필요한 것은 인간이 자연에 대해 가지고 있는 공포심을 없애는 것이었다. 즉 자연은 인간의 수학적 사고에 의해 지배받는 존재이지, 더 이상 인간에게 공포심을 유발하는 존재여서는 안 된다. 이러한 이성적 사고의 가장 큰 특징은 계산 가능성과 유용성이다. 수학적 사고 또는 과학적 사고는 이제 과거에 신화가 가지고 있던 권좌를 물려받았다. 수학적이고 과학적인 사고의 특징은, 모든 것을 계산할 수 있다는 믿음을 사람들에게 심어주었다는 것이다. 이성은 과거에 신이 앉았던 권좌에 앉아서 인간 스스로를 파괴할 정도로 막강한 힘을 가지고 자연을 지배해 나가는 발판을 마련한 것이다.

● **인클로저 운동**(Enclosure movement) 인클로저란 중세 이후 많은 유럽 국가들에서, 특히 영국에서 널리 행해졌던 토지 사유화, 즉 토지로부터의 농민 축출을 가리킨다. 공유된 토지나 주인 없는 땅, 황무지 등을 말 그대로 담장을 둘러쳐서 사유화하는 것이다. 도시가 발달하면서 도시의 시장은 대량의 농업 생산물을 요구하게 되었고, 이러한 수요를 충족시켜 이득을 올리는 기업형 농업 지주들의 등장을 가져왔다. 그리고 이들은 인클로저를 통해 생산을 크게 증가시키면서 큰 수입을 올리게 된다. 반면에 소작 농민들과 소농들은 농사지을 땅을 빼앗기게 되고, 결국 이들은 농업 노동자로 전락하거나 도시로 이주하여 도시 노동자가 된다. 농민들의 참상을 목격하고 《유토피아》를 저술한 토마스 모어는 당시의 인클로저 운동에 대해 "양이 사람을 잡아먹는다."고 개탄했다. 1500년경 영국에서는 양모의 수요가 커지자 양의 방목에 필요한 넓은 토지를 확보하기 위해 극심한 인클로저가 행해졌다. 또 1800년경에도 다시 인클로저가 널리 행해졌으며, 19세기에는 러시아, 헝가리, 독일, 프랑스, 덴마크에서도 대규모의 인클로저가 행해졌다.

● **자연 상태** 사회계약론에서 자연 상태는 역사상 실재했던 것이 아니라 이론을 구성하기 위해 이론적으로 설정한, 일종의 사고 실험의 결과로 만들어진 상태를 말한다. 사회계약론은 17, 18세기 시민국가의 형성과 더불어 생겨난 개념인데, 사람들이 생명과 재산, 행복의 추구를 좀 더 안전하게 확보하기 위해 법과 질서가 보장되는 사회를 선택하게 된다는 것이다. 대표적인 사상가로는 홉스와 로크, 루소 등이 있다.

사회계약론자들이 공통적으로 제시한 개념은 '자연 상태' 였는데, 이 상태를 정치에 선행하는 것으로 설정했다. 자연 상태에서 인간은 필연적으로 불안정한 상태에 있게 되므로 이로 인해 사람들은 어떠한 방식으로든 그들을 규제할 정부를 요구하게 된다는 것이다.

홉스가 생각하는 자연 상태란, 인간의 이기적인 본성 때문에 모두가 서로 적대하는 상황, 즉 '만인의 만인에 대한 투쟁' 상태였다. 로크는 홉스와 달리 자연 상태를 부정적으로 보지는 않았는데, 자연 상태는 무한 자원이 널려 있어 다들 만족스럽게 살 수 있지만 시간이 경과하며 생기는 분쟁을 해결해줄 심판관이 필요하다고 보았다. 한편 루소는 자연 상태에는 문명사회로부터 썩 어들지 않는 순수한 고상함이 있다며 홉스나 로크보다 자연 상태를 더 밝게 보았고, 그들이 개인의 사적 이익에 매달린 것과 달리 공공의 보편적 이익에 관심을 두고 공동체적 일반 의사라는 개념에서 사회계약론을 주장하였다.

근대의 사회계약론자들이 자연 상태를 설정해야 했던 필요성은 당시의 역사적인 상황과도 연관이 있다. 홉스, 로크, 루소가 살았던 시대는 신 중심, 신분 중심의 중세적 질서가 무너지고 있던 시기였다. 그렇기 때문에 과거 신이나 신분에 의해서 정당화되던 사회질서를 인간에 의한 사회질서로 대체할 필요성이 제기되었다. 새로운 규칙과 도덕을 만들어내기 위해, 또한 이를 이상적인 계약의 관점에서 구성해내기 위해서는, 공정하고 합리적인 계약의 이념과 원리를 이끌어내는 데 필요한 최초의 상황을 설정해야 했다. 즉 사회계약론자들이 보편타당한 규범을 만들기 위해서는 인간들이 똑같이 자유롭고 평등한 상태에 있었던 자연 상태를 가정해야 했던 것이다. 이것을 통해 누구에게나 인정받을 수 있는 일반적인 원리를 도출할 수 있다고 보았던 것이다.

• **자유주의**(Liberalism) 18, 19세기에 영국에서 탄생하여 오늘날까지도 서양 경제사상의 토대를 광범위하게 규정하고 있는 '고전적 자유주의'는 개인적 이윤 추구를 행복의 지향으로 간주하는데, 이러한 지향은 개인이 자기 소질과 능력을 자유로이 계발할 수 있게 하는 것일 뿐만 아니라 모든 사회 성원의 경쟁적 지향으로서 공공복지를 증대시키는 요인이라고 한다. 대표적인 자유주의 사상가로는 애덤 스미스, 벤담 등이 있다.

특히 애덤 스미스의 주장에 따르면, 공급과 수요가 함께 어우러지는 시장은 마치 '보이지 않는 손'이라도 있는 것처럼 최고의 이윤뿐만 아니라 소비자에게 가장 유리한 가격을 조종한다. 경제는 법률이 필요 없는 과정이요 자연적 체계인데, 이 체계의 규칙은 사회적 경험, 직접적 지각 및 개인의 감정 속에서 형성된다. 국가는 경제 과정에 개입하지 않으면서도 인간의 노동이 창출한 재산과 그것의 증식을 보호해야 한다는 과제를 갖는다. 모든 사람이 타인에게 인정해주는 자기 이익 실현과 무한경쟁은 경제 윤리의 근본 원칙이며, 정치경제학으로서의 경제 윤리는 개인적·국가적 복지를 증대시킬 수단에 관한 학설이다.

• **《제2의 성》** 보부아르가 1949년에 발표한 방대한 저서로서 페미니즘의 경전, 현대 여성해방운동의 교과서로 평가된다. 보부아르는 이 책에서, 여성이 남성의 종속물로서의 '제2의 성'에서 벗어나 남성과 대등한 자유로운 인간이 되어야 한다고 주장하고 있다. 이렇듯 남성의 세계로부터 여성을 해방시켜 남성과 동등한 지위를 부여하자는 주장은 당시로서는 대단히 혁명적인 여

성론이었다. 1960년대 미국 여성운동가들에게 강력한 영향을 미치면서 이 책은 내용적으로 인정받기 시작하였다.

"여자는 여자로 태어나는 것이 아니라 여자로 키워지는 것이다", "성경의 이념도 남성의 여성 장악에 적지 않게 기여했다." 등의 내용은 당시 남성 중심의 사회와 가톨릭 종교계의 강력한 비난을 불러일으켰다. 보부아르의 동료인 카뮈조차도 "프랑스의 '수컷'을 조롱했다."며 화를 냈고, 바티칸 교황청은 이 책을 금서 목록에 올렸다. 이러한 반발과 비난은 우파적 성향에서만이 아니라 좌파적 성향에서도 거셌다. 왜냐하면 보부아르는 이 책에서 엥겔스의 여성주의 관점을 비판하였으며, 동시에 사회주의 진영의 여성 억압에 대해서도 가차 없이 비판하였기 때문이다.

- **테일러 시스템**(Taylor system) 미국의 테일러가 처음으로 제창하여 오늘에 이르고 있는 과학적 관리법을 말한다. 작업 과정의 능률을 최고로 높이기 위하여 노동의 표준량을 정하고 임금을 작업량에 따라 지급하는 등 여러 가지로 합리적인 방법을 연구한다. 테일러는 표준 작업량의 불명확성이 고쳐져야 한다는 관점에서 시간 연구와 동작 연구를 실시하여 근로자의 하루 적정 작업량을 과학적으로 정하였다. 또한 임금 유형을 둘로 나누어, 목표량을 달성한 자에게는 높은 임금률을 적용한 반면 달성하지 못한 자에게는 낮은 임금률을 적용함으로써 능률의 증진을 도모하였다. 공장 조직을 기능 조직으로 전환하여 소수의 전문 기술자가 다수의 근로자를 지도함으로써 비용을 절감하였다.

- **포드 시스템**(Ford system) 생산의 표준화와 이동 조립법을 도입한, 포드의 경영관리 방식을 말한다. 자동차 생산 공장의 컨베이어벨트 시스템에서 유래한 것으로, 조립 라인 및 연속공정 기술을 이용해 표준화된 제품의 대량생

산·소비를 축적하는 체제를 가리킨다. 포드는 대량생산 시스템의 원리를 실현하고자 제품의 개선 연구를 수행해 최선의 제품을 표준화하였는데, 그 결과 생산을 T형 자동차로 한정하였다. 그로써 원가 절감에 성공하여 기록적인 매출의 성장률을 달성하였다. 다시 부품의 규격을 통일함으로써 부품의 집중 생산을 가능하게 하여 부품 생산에서도 대량생산의 경제를 실현하였다.

● 푸코(Michel Paul Foucault, 1926~1984) 1926년 프랑스에서 태어난 푸코는 파리 고등사범학교에서 철학과 심리학을 공부했다. 졸업한 후에는 스웨덴 웁살라대학에서 학생들을 가르쳤으며, 폴란드 바르샤바대학 프랑스연구소장, 독일 함부르크 프랑스문화원장, 클레르몽페랑대학 철학교수, 그리고 마지막으로 콜레주드프랑스에서 교수로 재직했다. 이렇게만 보면 그는 아주 평범한 지식인, 학자의 삶을 살아간 셈이다. 그러나 그는 '근대이성'과 '합리성' 자체에 물음표를 던지는 독특한 사유체계를 제시하여, 찬반 여부를 떠나 현대 사상의 거장이자 문제의 인물로서 확고부동한 위치를 차지하고 있다.

그는 서재에 틀어박혀 연구에만 골몰한 사람은 아니었다. 무엇보다 현실의 문제에 관심을 갖고 있었으며, '행동가'가 되기도 했다. 프랑스 68혁명이 발발한 1968년, 해외에 있던 푸코는 그 해 말에 귀국하여 뱅센느 실험대학의 철학과장을 맡아 급진적인 학생들과 긴밀하게 교류하기도 했으며, 감옥정보그룹, 수형자행동위원회, 수감자권리옹호연합, 수용소정보그룹 등의 단체들과 관계를 맺으며 수감자들의 인권 문제에 천착했다. 또한 이주 노동자들에 대한 인종차별에 반대했고, 베트남전 반대운동, 폴란드 자유노조에 대한 지지운동 등 여러 나라의 국제적이고 정치적인 문제에 깊숙이 발을 담갔다.

프랑스를 들끓게 했던 68혁명이 패배로 끝났다는 사실은 이후 그의 정신세계에도 일정한 영향을 미치게 되었다. 사실 이 점은 푸코뿐만 아니라 이 운동에 가담했던 수많은 사상가들에게 동일하게 적용되는 문제였다. 프랑스 지배 체제는 1968년의 거친 파도를 잠재우는 데 성공했고 프랑스는 안정을 되찾았다. 행동에 뛰어들었던 사람들 중 상당수가 좌절과 체념의 길로 접어들었다. 그들의 일부는 보수화되어, 이 사회를 바꾸는 것은 환상에 불과하다는 절망감을 드러냈다. 프랑스 사회 전체의 분위기가 이렇게 기울자 푸코 역시 더 이상 급진적인 발언을 하지 않았다. 그 대신 그는 권력의 실체, 본성, 원천에 대해 깊이 탐구해 들어갔다. 오늘날의 권력체계가 그토록 강력하게 유지될 수 있는 근원은 무엇인가, 그 점이 푸코가 파헤치고자 했던 점이다.

대표적 저작으로 《광기의 역사》, 《말과 사물》, 《지식의 고고학》, 《감시와 처벌》, 《성의 역사》 등이 있다.